경찰 삼단봉 교육프로그램

경찰K삼단봉
K-POLICE BATON

박승철·정균근·임정일·김태훈·서대호·정아인 공저

대경북스

경찰K삼단봉

1판 1쇄 인쇄 2025년 6월 2일
1판 1쇄 발행 2025년 6월 5일

발행인 김영대
펴낸 곳 대경북스
등록번호 제 1-1003호
주소 서울시 강동구 천중로42길 45(길동 379-15) 2F
전화 (02)485-1988, 485-2586~87
팩스 (02)485-1488
쇼핑몰 https://smartstore.naver.com/dkbooksmall
e-mail dkbookss@naver.com

ISBN 979-11-7168-098-6   93690

※ 이 책은 저작권법에 따라 보호받는 저작물이므로 무단전재와 무단복제를 금지하며, 이 책 내용의 전부 또는 일부를 이용하려면 반드시 저작권자와 대경북스의 서면 동의를 받아야 합니다.

※ 잘못된 책은 구입하신 서점에서 바꾸어 드립니다.

※ 책값은 뒤표지에 있습니다.

경찰대학
K삼단봉 세미나

중앙경찰학교 K삼단봉 세미나

경찰인재개발원
K삼단봉 세미나

경찰청 교육정책담당관
K삼단봉 발표

서울경찰청
K삼단봉 교육

인천경찰청
K삼단봉 교육

인천 연수서, 논현서, 남동서, 미추홀서, 부평서
K삼단봉 교육

교본 촬영
장소 : 서울경찰청

추천의 글

대한민국 경찰은 민생 치안의 최일선에서 사회 안녕을 위해 밤낮없이 노력하고 있습니다. 또한 범죄 없는 안전한 사회를 만들기 위해 끊임없이 노력하고 있습니다. 평생을 경찰관으로 재직한 필자는 '범죄에 강한 경찰, 시민에게 믿음직한 경찰'이 되기를 진심으로 바라고 있습니다.

사회는 점점 각박해지고 상대적 박탈감과 이기주의 팽배, 사회적 반감 증가 등으로 인해 범죄가 늘어나고 날로 흉악해지고 있습니다. 흉기 난동 사건을 일일이 열거하지 않더라도 언제부턴가 이웃 간 사소한 다툼에서도 흉기가 등장하고 사회에 불만을 품은 자들이 흉기 난동으로 보통 사람들을 위협하고 있습니다.

정 용 근
(전 대전경찰청장·충북경찰청장)

이러한 상황에서 경찰의 물리력 대응 훈련은 더 체계적이고 효율적으로 운영돼야 할 것입니다. 경찰 안팎에서 쉽고 실용적인 기술과 프로그램을 개발 육성하고 이를 체계화하여 전 경찰에 보급해야 합니다.

이런 차에 삼단봉 활용 능력을 획기적으로 향상할 수 있는 프로그램이 개발되고 《경찰K삼단봉》 교본도 출간된다 하니 기쁜 일이 아닐 수 없습니다. 더욱이 경찰청과 경찰인재개발원, 중앙경찰학교, 경찰대학, 서울경찰청, 인천경찰청과 교류 협력을 통해 완성도를 높였다 하니 더욱 의미가 있다고 생각합니다.

삼단봉은 경찰 필수 호신장구로 쓰임새와 활용도가 날로 높아지고 있습니다. 삼단봉 성능이 향상되는 만큼 운영 프로그램도 발전해야 할 것입니다. 그런 차원에서 《경찰K삼단봉》 교본은 현 사회 분위기와 맞물려 경찰의 물리적 대응능력 향상에 기여할 것으로 기대합니다. 오랜 기간 삼단봉을 연구하고 프로그램을 개발한 박승철 회장과 공저자 여러분께 진심으로 경의와 축하를 보내는 바입니다.

누구나 쉽게 쓰도록 만든 한글처럼 경찰K삼단봉 프로그램을 통해 누구나 쉽게 삼단봉을 잘 운용할 수 있기를 기대합니다. 교본이 나오기까지 많은 시간과 힘든 과정을 이겨내고 이처럼 출간하게 된 것을 다시 한번 축하하고 경찰 물리력 훈련의 필수 과목으로 사랑받기를 바랍니다.

추천의 글

우리는 과학 발전과 경제성장으로 인한 문명의 이기 속에 살고 있지만 현대인의 심리적인 불안감은 날로 가중되고 있습니다. 특히 상대적 박탈감으로 인한 사회 불만자나 사회 부적응자의 우발성 폭력이 대민 접촉 경찰관의 피습으로 발현되는 경우가 적지 않습니다. 또한 조현병 환자의 흉기 난동도 문제가 되고 있습니다. 현장에서 범인과 다투는 경찰 활동 중에 가장 중요한 것은 경찰관 자신의 안전일 것입니다. 경찰관의 안녕이 곧 사회의 안전과 직결되기 때문입니다.

이 동 섭
(태권도 국기원장)

매년 현장에서 우발성 공격과 흉악범의 불의한 행동으로 1,500여 명의 경찰관이 순직하거나 상해를 입는다는 통계자료를 보더라도 피습을 예방할 수 있는 근본적인 대책과 교육훈련이 시급히 개선 보강돼야 할 것입니다.

《경찰K삼단봉》교본은 경찰 호신 장구인 삼단봉을 쉽고 효과적으로 사용하기 위해 개발된 장비 사용 교본으로 특징으로는 다음과 같습니다.

첫째로, 삼단봉을 쉽게 사용할 수 있도록 기본기, K공방, K타격, K체포술, 겨루기 등 물리력 대응 매뉴얼에 입각해서 체계적으로 구축했습니다.

둘째로, 한글과 본국검과 조선세법의 기술을 삼단봉에 적용한 한국형 삼단봉 무예로 한글의 우수성과 우리 무예의 정체성을 계승했습니다.

셋째로, 민생 치안 현장과 범인 검거, 호송 업무, 경호 업무 등 다양한 멀티 대응력을 갖춘 장비 교범입니다.

넷째로, 경찰관의 건강 증진과 호신 역량 강화를 위해 삼단봉 겨루기와 삼단봉 글무 품새 경기를 구축했습니다.

향후 경찰청장배 삼단봉대회의 개최를 통해 경찰 삼단봉이 더욱 활성화되기를 기대합니다.

끝으로, 경찰 물리력 대응훈련과 삼단봉 연구에 정성을 다하고 있는 박승철 회장을 비롯한 공저자분의 열정을 치하하면서 아무쪼록 《경찰K삼단봉》 교본이 경찰청, 경호처, 해경청, 교도관, 경호원, 대학과 일선 도장에 이르기까지 삼단봉을 운용하는 기관에 널리 보급되어 효과적인 호신장비 역할을 하는 데 주춧돌이 되기를 바랍니다.

추천의 글

우리나라는 고도성장을 통해 물질적으로 풍족해졌으나 사회적으로는 여러 가지 문제점이 대두되고 있습니다. 부익부 빈익빈 현상은 더욱 심해지고 가진 자에 비해 갖지 못한 자의 상대적 박탈감과 불평등 인식의 확산 등 다양한 이유로 반사회적 행동과 흉기 난동 강력범죄가 꾸준히 증가하고 있습니다.

최 홍 식
(세종대왕기념사업회장)

이런 상황에서 범죄와 맞서 최일선에서 근무하는 경찰관의 고충과 노고에 대해 생각해 봅니다. 늘 범죄에 노출돼 있는 경찰관 본인뿐 아니라 시민의 안전을 위해서는 범죄 예방이 최우선이겠지만 범죄가 발생했을 때 피습을 최소화하며 신속하게 제압할 수 있는 물리력 대응능력의 강화 필요성 또한 절실하다고 생각합니다.

이를 위해 지난 2019년 한글을 활용해 한글검 무예를 창시하고, 또 그것을 활용해 경찰의 삼단봉 활용 능력 향상을 위한 프로그램을 개발 인천경찰청, 서울경찰청 시범 운영과 경찰교육기관 교류를 통해 기술 체계를 가다듬고《경찰K삼단봉》교본을 출간하게 되어 매우 기쁘게 생각합니다.

필자는 세종대왕기념사업회 회장으로서 세종 정신과 업적을 기리기 위해 다양한 사업과 활동을 전개해 나가고 있습니다. 한글은 누구나 인정하는 세계적인 문자입니다. 이러한 한글이 무예로 구현되고 운용법에 맞춰 공간에서 동작으로 수행할 수 있다는 사실이 놀랍고 한글의 무한 가능성과 숨은 가치에 대해 다시 한번 생각하게 됩니다.

누구나 쉽게, 널리 이롭게.

세종의 애민과 실용 정신이 사회 각 부문에 더욱 뿌리내리고 보다 더 살기좋은 나라, 한글이 더욱 빛나는 자랑스런 대한민국을 그려봅니다. 그리고 한글무예를 통해 범죄를 예방할 수 있는 사회가 되기를 바랍니다.

본 교본이 경찰뿐 아니라 대학, 일선 도장에 보급되고 건강운동 프로그램, 여성호신술 프로그램, 다문화 한글교육/신체활동 프로그램 등으로도 활용되고 전 국민 운동으로 발전해 나갈 수 있기를 기대합니다.

마지막으로 그동안 많은 시행착오와 연구개발을 통해 완성한 《경찰K삼단봉》 교본 출간을 진심으로 축하하고 박승철 회장과 공저자 여러분께 격려의 말씀을 드립니다.

감사합니다.

머리말

오늘날 우리 사회는 사회적 압박과 상대적 박탈감으로 여유가 사라지고 갈등과 시비는 끊임없이 발생하고 이상난동 사건과 흉기 난동 강력범죄가 꾸준히 증가하고 있다.

이런 가운데 시민의 생명과 안전을 책임지는 경찰의 역할은 더욱 중요해지고 현장 대응력 향상을 위한 경찰 물리력 대응훈련 또한 비중이 높아지고 있다.

본 협회는 경찰 삼단봉 교육훈련에 관심이 증폭되고 있는 시점과 맞물려 누구나 쉽게 쓸 수 있는 삼단봉 교육훈련 프로그램을 개발하였고 공저자와 함께 《경찰K삼단봉》 교본을 출간하게 되었다.

K삼단봉은 한글을 활용해 만든 한국형 삼단봉 무예로서 한글검(2019) 무예의 기술 체계를 삼단봉에 적용, 경찰 물리력 행사의 기준과 방법에 관한 규칙 및 삼단봉의 특성과 장점을 살려 만든 교육훈련 프로그램이다.

교본 전반부(1장~5장)에는 경찰 삼단봉 활용 능력 향상을 위해 개발한 '경찰K삼단봉' 프로그램을 수록했다. 중반부(제6장~7장)은 한글과 무예 동작이 어우러진 글무와

타격 공방을 기술했고 마지막(제8장)으로 삼단봉 겨루기와 글무품새 경기를 수록했다.

이 책은 경찰뿐 아니라 삼단봉을 운용하는 해경, 교도관, 경호·경비원 등 기관과 대학교 경찰 관련학과(경찰행정, 경찰경호, 경찰무도 등)와 태권도, 합기도, 유도, 검도, 용무도, 특공무술, 해동검도 등 일선 도장 교육프로그램으로 활용되기를 기대한다.

책이 나오기까지 여러분의 관심과 도움이 있었다. 경찰청 교육정책담당관, 중앙경찰학교 무도교수, 경찰인재개발원 무도교수, 경찰대학 무도교수, 인천경찰청·서울경찰청 무도 지도관과 경호처 무도교관, 용인대 무도교수 등 모든 분께 감사의 말씀을 드린다. 그리고 기꺼이 추천사를 써주신 전 대전경찰청 정용근 청장님, 국기원 이동섭 원장님, 세종대왕기념사업회 최홍식 회장님께도 감사드린다.

마지막으로 교본 제작에 협조해 주신 협회 송성춘 부회장, 조용환 이사, 정의영 이사, 김규연 사무국장 등 임원 여러분께 이 글을 빌어 감사드리고 출판사 대경북스 김영대 대표께도 감사드린다.

2025. 5.

공저자 박승철, 정균근, 임정일, 김태훈, 서대호, 정아인

차 례

Chapter 1 — K삼단봉 개요

1. 정의 ·· 24
2. 목적 ·· 24
3. 구분 ·· 24
4. 21피트 룰 ·· 24
5. K삼단봉의 제원 ··· 25
6. K삼단봉의 체계 ··· 25
경찰 물리력 행사의 기준과 방법에 관한 규칙 ········ 26

Chapter 2 — K삼단봉 기본기

1. 삼단봉 잡기(파지법) ·· 48
2. 봉 펼치기(발봉) ··· 49
3. 삼단봉 접기 ··· 52
4. 서기 ·· 53
4. 대치 자세(겨눔세) ··· 55
5. 보법 ·· 58
7. 방어 ·· 61
8. 공격 ·· 71

Chapter 3 · K삼단봉 공방

1. K삼단봉 공방의 정의 ······················· 80
2. 공방의 원리 및 훈련 방법 ·················· 80
3. 단수 공방 ································· 81
4. 복수 공방 ································· 85
5. 사각 공방 ································· 87
6. 마름 공방 ································· 89
7. 팔각 공방 ································· 91
8. 자유 공방 ································· 92

Chapter 4 · K삼단봉 타격

1. K삼단봉 타격의 정의 ······················· 94
2. K삼단봉 타격의 구분 ······················· 94
3. 훈련 방법 ································· 94
4. 선타격 ··································· 94
5. 후타격 ··································· 98

Chapter 5 · K삼단봉 체포술

1. 근접술 ································· 106
2. 대치술 ································· 164

Chapter 6 K삼단봉 글무

1. 글무의 개요 ··· 194
2. 자음 글무 ··· 194
3. 모음 글무 ··· 211
4. 글자 글무 ··· 222

Chapter 7 K삼단봉 타공

1. K삼단봉 타공의 정의 ································ 232
2. 자음 타공 ··· 233
3. 모음 타공 ··· 260

Chapter 8 K삼단봉 경기

1. 겨루기 ··· 280
2. 글무품새 ··· 285

1
Chapter

K삼단봉 개요

1. 정의

삼단봉과 톤파의 장점을 살려 만든 한국형 삼단봉 무예로 한글을 활용해 기술 체계를 구축한 한글 무예이자 경찰봉의 효율적인 운용과 대응능력 향상을 위한 전문 경찰봉 교육훈련 프로그램이다.

2. 목적

체계적인 삼단봉 교육훈련을 통해 자신감 향상과 경찰봉 활용능력 향상, 피습 예방과 물리력 대응능력 향상 등 '현장에 강한 경찰' 양성에 있다.

3. 구분

기본기, K공방, K타격, K체포술, 글무, 타공, 경기로 구분한다.

4. 21피트 룰

대상자가 흉기를 숨기고 있다가 갑자기 꺼내 덤벼 올 경우 얼마만큼 떨어져 있어야 대처할 수 있는가에 관한 실험으로 약 6.4m(약 21피트) 정도 떨어져 있어야 대처가 가능하다는 의미이다. 이는 미국 경찰이 권총을 가지고 실험한 결과치로 권총은 삼단봉보다는 상대적으로 빠른 대처가 가능하다. 삼단봉을 가지고 실험한 결과 봉을 잡고 홀스터에서 빼내는 과정, 봉을 펼치는 과정, 대처 과정 등 심리적인 부분을 제외한 일련의 과정을 21피트 룰을 적용해 보니 대처하기가 상당히 어렵다는 결론을 얻었다. 따라서 삼단봉을 잡아 빠르게 펼치고 대처하는 훈련이 교육과정에 반드시 포함되어야 한다.

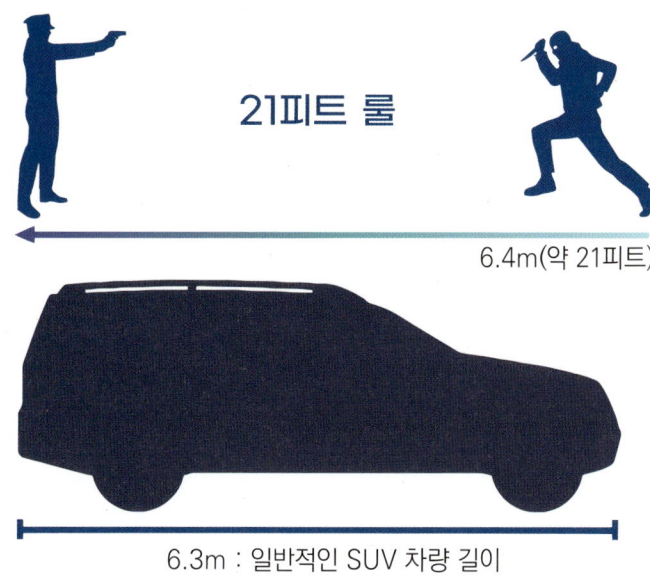

5. K삼단봉의 제원

경찰 삼단봉의 길이는 65.5cm, 중량 297g, 재질은 두랄루민 알루미늄 합금이다.

6. K삼단봉의 체계

K삼단봉의 기술 및 교육훈련 체계는 '경찰물리력 행사의 기준과 방법에 관한 규칙'을 바탕으로 구축했다.

경찰 물리력 행사의 기준과 방법에 관한 규칙

[시행 2019. 11. 24.] [경찰청예규 제550호, 2019. 7. 18., 일부개정]

제1장 총칙

1.1. 목적

이 규칙은 경찰관이 물리력 사용 시 준수하여야 할 기본원칙, 물리력 사용의 정도, 각 물리력 수단의 사용 한계 및 유의사항을 규정함으로써 국민과 경찰관의 생명·신체를 보호하고 인권을 보장하며 경찰 법집행의 정당성을 확보하는 데에 그 목적이 있다.

1.2. 경찰 물리력의 정의

경찰 물리력이란 범죄의 예방과 제지, 범인 체포 또는 도주 방지, 자신이나 다른 사람의 생명·신체 방어 및 보호, 공무집행에 대한 항거 제지 등 경찰목적을 달성하기 위해 경찰권발동의 대상자(이하 '대상자')에 대해 행해지는 일체의 신체적, 도구적 접촉(경찰관의 현장 임장, 언어적 통제 등 직접적인 신체 접촉 전 단계의 행위들도 포함한다)을 말한다.

1.3. 경찰 물리력 사용 3대 원칙

경찰관은 경찰목적을 실현함에 있어 적합하고 필요하며 상당한 수단을 선택함으로써 그 목적과 수단 사이에 합리적인 비례관계가 유지되도록 하여야 하며, 특히 물리력을 사용할 필요가 있는 경우 다음 원칙을 준수하여야 한다.

1.3.1. 객관적 합리성의 원칙

경찰관은 자신이 처해있는 사실과 상황에 비추어 합리적인 현장 경찰관의 관점에서 가장 적절한 물리력을 사용하여야 하며, 이를 위해 범죄의 종류, 피해의 경중, 위해의 급박성, 저항의 강약, 대상자와 경찰관의 수, 대상자가 소지한 무기의 종류 및 무기 사용의 태양, 대상자의 신체 및 건강 상태, 도주여부, 현장 주변의 상황 등을 종합적으로 고려하여야 한다.

1.3.2. 대상자 행위와 물리력 간 상응의 원칙

경찰관은 대상자의 행위에 따른 위해의 수준을 계속 평가·판단하여 필요최소한의 수준으로 물리력을 높이거나 낮추어서 사용하여야 한다.

1.3.3. 위해감소노력 우선의 원칙

경찰관은 현장상황이 안전하고 시간적 여유가 있는 경우에는 대상자가 야기하는 위해 수준을 떨어뜨려 보다 덜 위험한 물리력을 통해 상황을 종결시킬 수 있도록 노력하여야 한다. 다만, 이러한 노력이 오히려 상황을 악화시킬 가능성이 있거나 급박한 경우에는 이 원칙을 적용하지 않을 수 있다.

1.4. 경찰 물리력 사용 시 유의사항

1.4.1. 경찰관은 경찰청이 공인한 물리력 수단을 사용하여야 한다.
1.4.2. 경찰관은 성별, 장애, 인종, 종교 및 성정체성 등에 대한 선입견을 가지고 차별적으로 물리력을 사용하여서는 아니 된다.
1.4.3. 경찰관은 대상자의 신체 및 건강상태, 장애유형 등을 고려하여 물리력을 사용하여야 한다.
1.4.4. 경찰관은 이미 경찰목적을 달성하여 더 이상 물리력을 사용할 필요가 없는 경우에는

물리력 사용을 즉시 중단하여야 한다.

1.4.5. 경찰관은 대상자를 징벌하거나 복수할 목적으로 물리력을 사용하여서는 아니 된다.

1.4.6. 경찰관은 오직 상황의 빠른 종결이나, 직무수행의 편의를 위한 목적으로 물리력을 사용하여서는 아니 된다.

제2장 대상자 행위와 경찰 물리력 사용의 정도

2.1. 대상자 행위

대상자가 경찰관 또는 제3자에 대해 보일 수 있는 행위는 그 위해의 정도에 따라 ① 순응 ② 소극적 저항 ③ 적극적 저항 ④ 폭력적 공격 ⑤ 치명적 공격 등 다섯 단계로 구별한다.

2.1.1. 순응

대상자가 경찰관의 지시, 통제에 따르는 상태를 말한다. 다만. 대상자가 경찰관의 요구에 즉각 응하지 않고 약간의 시간만 지체하는 경우는 '순응'으로 본다.

2.1.2. 소극적 저항

대상자가 경찰관의 지시, 통제를 따르지 않고 비협조적이지만 경찰관 또는 제3자에 대해 직접적인 위해를 가하지 않는 상태를 말한다. 경찰관이 정당한 이동 명령을 발하였음에도 가만히 서있거나 앉아 있는 등 전혀 움직이지 않는 상태, 일부러 몸의 힘을 모두 빼거나, 고정된 물체를 꽉 잡고 버팀으로써 움직이지 않으려는 상태 등이 이에 해당한다.

2.1.3. 적극적 저항

대상자가 자신에 대한 경찰관의 체포·연행 등 정당한 공무집행을 방해하지만 경찰관 또는 제3자에 대해 위해 수준이 낮은 행위만을 하는 상태를 말한다.

대상자가 자신을 체포·연행하려는 경찰관으로부터 물리적으로 이탈하거나 도주하려는 행위, 체포·연행을 위해 팔을 잡으려는 경찰관의 손을 뿌리치거나, 경찰관을 밀고 잡아끄는 행위, 경찰관에게 침을 뱉거나 경찰관을 밀치는 행위 등이 이에 해당한다.

2.1.4. 폭력적 공격

대상자가 경찰관 또는 제3자에 대해 신체적 위해를 가하는 상태를 말한다.

대상자가 경찰관에게 폭력을 행사하려는 자세를 취하여 그 행사가 임박한 상태, 주먹·발 등을 사용해서 경찰관에 대해 신체적 위해를 초래하고 있거나 임박한 상태, 강한 힘으로 경찰관을 밀거나 잡아당기는 등 완력을 사용해 체포에서 벗어나려고 하는 상태 등이 이에 해당한다.

2.1.5. 치명적 공격

대상자가 경찰관 또는 제3자에 대해 사망 또는 심각한 부상을 초래할 수 있는 행위를 하는 상태를 말한다. 총기류(공기총·엽총·사제권총 등), 흉기(칼·도끼·낫 등), 둔기(망치· 쇠파이프 등)를 이용하여 경찰관, 제3자에 대해 위력을 행사하고 있거나 위해 발생이 임박한 경우, 경찰관이나 제3자의 목을 세게 조르거나 무차별 폭행하는 등 생명·신체에 대해 중대한 위해가 발생할 정도의 위험한 폭력을 행사하는 경우가 이에 해당한다.

2.2. 경찰관 대응 수준

대상자 행위에 따른 경찰관의 대응 수준은 ① 협조적 통제, ② 접촉 통제 ③저위험 물리력 ④ 중위험 물리력 ⑤고위험 물리력 등 다섯 단계로 구별한다.

2.2.1. 협조적 통제

'순응' 이상의 상태인 대상자에 대해 사용할 수 있는 물리력 수준으로서, 대상자의 협조를 유도하거나 협조에 따른 물리력을 말한다. 그 종류는 다음과 같다.

가. 현장 임장

나. 언어적 통제

다. 체포 등을 위한 수갑 사용

라. 안내·체포 등에 수반한 신체적 물리력

2.2.2. 접촉 통제

'소극적 저항' 이상의 상태인 대상자에 대해 사용할 수 있는 물리력 수준으로서, 대상자 신체 접촉을 통해 경찰목적 달성을 강제하지만 신체적 부상을 야기할 가능성은 극히 낮은 물리력을 말한다. 그 종류는 다음과 같다.

가. 신체 일부 잡기·밀기·잡아끌기, 쥐기·누르기·비틀기

나. 경찰봉 양 끝 또는 방패를 잡고 대상자의 신체에 안전하게 밀착한 상태에서 대상자를 특정 방향으로 밀거나 잡아당기기

2.2.3. 저위험 물리력

'적극적 저항' 이상의 상태인 대상자에 대해 사용할 수 있는 물리력 수준으로서, 대상자가 통증을 느낄 수 있으나 신체적 부상을 당할 가능성은 낮은 물리력을 말한다. 그 종류는 다음과 같다.

가. 목을 압박하여 제압하거나 관절을 꺾는 방법, 팔·다리를 이용해 움직이지 못하도록 조르는 방법, 다리를 걸거나 들쳐 매는 등 균형을 무너뜨려 넘어뜨리는 방법, 대상자가 넘어진 상태에서 움직이지 못하게 위에서 눌러 제압하는 방법

나. 분사기 사용(다른 저위험 물리력 이하의 수단으로 제압이 어렵고, 경찰관이나 대상자의 부상 등의 방지를 위해 필요한 경우)

2.2.4. 중위험 물리력

'폭력적 공격' 이상의 상태의 대상자에 대해 사용할 수 있는 물리력 수준으로서, 대상자에게 신체적 부상을 입힐 수 있으나 생명·신체에 대한 중대한 위해 발생 가능성은 낮은 물리력을 말

한다. 그 종류는 다음과 같다.
    가. 손바닥, 주먹, 발 등 신체부위를 이용한 가격
    나. 경찰봉으로 중요부위가 아닌 신체 부위를 찌르거나 가격
    다. 방패로 강하게 압박하거나 세게 미는 행위
    라. 전자충격기 사용

2.2.5. 고위험 물리력

가. '치명적 공격' 상태의 대상자로 인해 경찰관 또는 제3자의 생명·신체에 급박하고 중대한 위해가 초래될 가능성이 있는 경우 최후의 수단으로 사용할 수 있는 물리력 수준으로서, 대상자의 사망 또는 심각한 부상을 초래할 수 있는 물리력을 말한다.

나. 경찰관은 대상자의 '치명적 공격' 상황에서도 현장상황이 급박하지 않은 경우에는 낮은 수준의 물리력을 우선적으로 사용하여 상황을 종결시킬 수 있도록 노력하여야 한다.

다. '고위험 물리력'의 종류는 다음과 같다.
    1) 권총 등 총기류 사용
    2) 경찰봉, 방패, 신체적 물리력으로 대상자의 신체 중요 부위 또는 급소 부위 가격, 대상자의 목을 강하게 조르거나 신체를 강한 힘으로 압박하는 행위

2.3. 경찰 물리력 행사 연속체

2.3.1. 비례의 원칙에 입각한 물리력 사용 한계에 대한 이해도 제고를 위해 대상자 행위에 대응한 경찰 물리력 수준을 도식화한 것을 '경찰 물리력 행사 연속체〈그림〉'라고 한다.

2.3.2. 경찰관은 가능한 경우 낮은 수준의 물리력부터 시작하여 물리력의 강도를 높여감으로써 상황을 안전하게 종결시키도록 하여야 한다. 다만, 급박하거나 대상자 행위의 위해 수준이 불연속적으로 급변하는 경우 경찰관 역시 그 상황에 맞는 물리력을 곧바로 사용할 수 있다.

가. (1단계 : 평가) 현장상황을 종합적으로 고려하여 대상자 행위를 '순응', '소극적 저항', '적

Part 1. K삼단봉 개요

경찰 물리력 수준 원형 도표

외곽 (경찰 물리력 수준)
- 고위험 물리력: 권총
- 협조적 통제: 현장입장·언어적 통제·신체적 물리력·수갑
- 중위험 물리력: 전자충격기, 경찰봉(가격)
- 접촉 통제: 분사기, 경찰봉(밀어내기)
- 저위험 물리력: 분사기

중간 (대상자 행위)
- 치명적 공격
- 순응
- 소극적 저항
- 적극적 저항
- 폭력적 공격

중심
- 행동 / 평가 / 판단

대상자 위해 정도에 따른 경찰 물리력

순응	소극적 저항	적극적 저항	폭력적 공격	치명적 공격
· 수갑 · 신체적 물리력(가벼운 접촉) · 언어적 통제 · 현장 임장	· **경찰봉, 방패**(대상자 신체에 안전하게 밀착한 상태에서 밀어내기) · **신체적 물리력**(잡기, 밀기, 끌기, 쥐기, 누르기, 비틀기) · 수갑 · 신체적 물리력(가벼운 접촉) · 언어적 통제 · 현장 임장	· **분사기** · **신체적 물리력**(넘어뜨리기, 꺾기, 조르기) · 경찰봉, 방패(대상자 신체에 안전하게 밀착한 상태에서 밀어내기) · 신체적 물리력(잡기, 밀기, 끌기, 쥐기, 누르기, 비틀기) · 수갑 · 신체적 물리력(가벼운 접촉) · 언어적 통제 · 현장 임장	· **전자충격기** · **경찰봉**(가격) · **방패**(세게 밀기) · **신체적 물리력**(가격) · 분사기 · 신체적 물리력(넘어뜨리기, 꺾기, 조르기) · 경찰봉, 방패(대상자 신체에 안전하게 밀착한 상태에서 밀어내기) · 신체적 물리력(잡기, 밀기, 끌기, 쥐기, 누르기, 비틀기) · 수갑 · 신체적 물리력(가벼운 접촉) · 언어적 통제 · 현장 임장	· **권총** · **신체적 물리력, 경찰봉, 방패**(모든 신체부위 가격 가능, 가급적 머리 부분은 지양) · 전자충격기 · 경찰봉(가격) · 방패(세게 밀기) · 신체적 물리력(가격) · 분사기 · 신체적 물리력(넘어뜨리기, 꺾기, 조르기) · 경찰봉, 방패(대상자 신체에 안전하게 밀착한 상태에서 밀어내기) · 신체적 물리력(잡기, 밀기, 끌기, 쥐기, 누르기, 비틀기) · 수갑 · 신체적 물리력(가벼운 접촉) · 언어적 통제 · 현장 임장

※ **붉은 색 글씨**는 각 대상자 행위에 대해 사용 가능한 최고 수준의 경찰 물리력을 나타냄

극적 저항', '폭력적 공격', '치명적 공격' 등으로 평가
나. (2단계 : 판단) 대상자의 저항이나 공격을 제압할 수 있는 적절한 물리력 수단을 선택하되, 전체적인 현장상황이 안전하고 시간적 여유가 있는 경우 대상자가 야기하는 위해 수준을 감소시키기 위해 노력하여야 하며, 낮은 수준의 물리력 수단을 우선적으로 고려
다. (3단계 : 행동) 선택한 물리력을 사용하는 경우에도 경찰목적을 달성하는 한도 내에서 대상자에게 최소한의 침해를 가져오는 방법으로 물리력을 사용
라. (4단계 : 재평가) 이후 상황을 지속적으로 재평가하면서 대상자의 행위 및 현장 주변 상황 변화에 따라 대응 물리력 수준을 증가시키거나 감소
2.3.3. 이 연속체는 경찰관과 대상자가 대면하는 모든 상황에 기계적, 획일적으로 적용될 수 있는 것이 아니며, 실제 개별 경찰 물리력 사용 현장에서는 대상자의 행위 외에도 위해의 급박성, 대상자와 경찰관의 수·성별·체격·나이, 제3자에 대한 위해가능성, 기타 현장 주변 상황을 종합적으로 고려하여 가장 적절한 물리력을 사용하여야 한다.

제3장 개별 물리력 수단 사용 한계 및 유의사항

3.1. 현장 임장

3.1.1. 현장 임장의 정의
현장 임장은 경찰관이 대상자에게 접근하여 자신의 소속, 신분과 함께 임장의 목적과 취지를 밝혀 그에 따르도록 하는 것을 말한다. 현장 임장은 대상자의 모든 행위 유형에서 행해질 수 있다.

3.2.1. 현장 임장 시 유의사항
가. 경찰관은 현장에 임장하는 것만으로도 대상자의 순응을 이끌어 낼 수 있다는 점을 인식하여 현장 임장만으로 상황을 종결시키도록 노력하여야 한다.
나. 경찰관은 현장 임장 시 대상자 및 주변 관계자들에 의한 갑작스런 위해 발생 가능성을 염

두에 두고 불시의 피습에 대한 대비, 대상자의 흉기소지 여부 확인, 대상자와의 적절한 거리 유지, 여타 경찰 물리력 사용 태세 완비 등 신변보호를 위한 적절한 조치를 취하여야 한다.
다. 경찰관은 현장 임장 시 대상자나 주변 관계자들의 감정을 자극하거나 오해를 불러 일으켜 경찰관 또는 제3자에 대한 위해로 이어지지 않도록 하여야 한다.

3.2. 언어적 통제

3.2.1. 언어적 통제의 정의

언어적 통제는 경찰관이 대상자에게 특정 행위를 유도하거나 합법적인 명령을 발하기 위해 말이나 행동으로 하는 대화, 설득, 지시, 경고 등을 말하며 대상자의 어깨를 다독이거나 손을 잡아 주는 등의 가벼운 신체적 접촉도 포함한다. 언어적 통제는 대상자의 모든 행위 유형에서 행해질 수 있다.

3.2.2. 언어적 통제 시 유의사항

가. 경찰관은 대상자에 대한 직접적인 물리력 사용 이전 언어적 통제를 통하여 상황을 종결시킬 수 있도록 노력하여야 한다. 다만, 이러한 시도가 오히려 상황을 악화시킬 가능성이 있거나 급박한 경우에는 생략할 수 있다.
나. 경찰관이 언어적 통제를 시도하는 경우 대상자가 경찰관의 지시, 경고 등에 따를 충분한 시간을 부여하여야 한다.
다. 경찰관은 언어적 통제 시 대상자가 갑자기 위해를 가하거나 도주할 것에 대비하여 여타 경찰 물리력 사용 태세를 갖추어야 한다.
라. 경찰관은 언어적 통제 시 불필요하게 대상자를 자극하여 경찰관 또는 제3자에 대한 위해로 이어지지 않도록 하여야 한다.

3.3. 신체적 물리력 사용

3.3.1. 신체적 물리력의 정의

'신체적 물리력'은 여타 무기나 경찰장구에 의존하지 않고 경찰관 자신의 신체, 체중, 근력을 활용하여 대상자를 통제하는 일련의 방법을 말한다.

3.3.2. 신체적 물리력 사용 한계 및 유의사항

가. 대상자가 '순응'하는 경우(협조적 통제)

경찰관은 '순응' 이상의 상태인 대상자를 인도 또는 안내하기 위해 대상자의 손이나 팔을 힘을 주지 않고 잡을 수 있고 어깨 등 신체 일부를 힘을 주지 않고 밀거나 잡아끌 수 있다. (다만, 임의동행하는 대상자를 인도·안내하는 경우에는 동행의 임의성이 침해되지 않도록 신체 접촉에 유의하여야 한다)

형사소송법에 따라 대상자를 체포하는 경우에는 수갑 등으로 결박하기 위해 대상자 신체 일부를 잡거나 대상자를 돌려 세울 수 있다.

나. 대상자 행위가 '소극적 저항'인 경우(접촉 통제)

경찰관은 '소극적 저항' 이상인 상태의 대상자를 통제하기 위해 손이나 팔을 힘을 주어 잡을 수 있고 대상자의 어깨 등 신체 일부를 힘을 주어 밀거나 잡아끌 수 있다.

대상자가 물체를 꽉 잡고 움직이지 않는 경우에는 대상자의 신체 일부를 쥐거나 누르거나 비틀어서 손을 떼도록 할 수 있다.

다. 대상자 행위가 '적극적 저항'인 경우(저위험 물리력)

경찰관은 '적극적 저항' 이상인 상태의 대상자에게 목을 압박하여 제압하거나 관절을 꺾는 방법, 팔·다리를 이용해 움직이지 못하도록 조르는 방법, 다리를 걸거나 들쳐 매는 등 균형을 무너뜨려 넘어뜨리는 방법, 대상자가 넘어진 상태에서 움직이지 못하게 위에서 눌러 제압하는 방법 등을 사용할 수 있다.

라. 대상자 행위가 '폭력적 공격'인 경우(중위험 물리력)

경찰관은 '폭력적 공격' 이상인 상태의 대상자에게 손바닥, 주먹, 발 등 신체 부위를 이용하여 대상자를 가격함으로써 제압할 수 있다.

또한, 현행범 체포나 긴급체포의 요건을 충족하는 대상자 또는 체포영장이 발부된 대상자가 도주하는 경우 체포를 위해 '중위험 물리력'으로 신체적 물리력을 사용할 수 있다.

마. 대상자 행위가 '치명적 공격'인 경우(고위험 물리력)

신체적 물리력 이외의 여타 모든 경찰 물리력 사용이 불가능하거나 무력화된 상태에서 형법상 정당방위 또는 긴급피난의 요건을 충족하는 경우 경찰관은 최후의 수단으로서 대상자의 신체 중요 부위 또는 급소 부위를 가격하는 방법, 대상자의 목을 강하게 조르거나 대상자의 신체를 강한 힘으로 압박하는 방법 등을 사용할 수 있다.

신체적 물리력을 '고위험 물리력'으로 사용할 수밖에 없는 불가피한 경우에는 3.9.2.항의 권총 사용 한계 가.~마.를 따른다.

3.4. 수갑 사용

3.4.1. 수갑의 정의

수갑은 대상자의 동작이 자유롭지 못하도록 대상자의 양쪽 손목에 걸쳐서 채우는 금속 재질의 장구로서 경찰청이 지급 또는 인정한 장비를 말한다.

3.4.2. 수갑 사용 한계 및 유의사항

가. 경찰관은 대상자의 언행, 현장상황 등을 종합적으로 고려하여 도주, 폭행, 소요, 자해 등의 위험이 있는 경우 수갑을 사용할 수 있으며, 그 우려가 높다고 판단되는 경우 뒷수갑을 사용할 수 있다.

나. 경찰관은 뒷수갑 상태로 대상자를 이동시키는 경우 팔짱을 끼고 동행하는 등 도주 및 안전사고 예방을 위한 적절한 조치를 취하여야 한다.

다. 경찰관은 대상자의 움직임으로 수갑이 조여지거나 일부러 조이는 행위를 예방하기 위해 수갑의 이중 잠금장치를 사용하여야 한다. 다만, 대상자의 항거 등으로 사용이 곤란한 경우에는 사용하지 않을 수 있다.

라. 경찰관은 대상자의 신체적 장애, 질병, 신체상태로 인하여 수갑을 사용하는 것이 불합리하다 판단되는 경우에는 수갑을 사용하지 않을 수 있다.

마. 경찰관은 대상자가 수갑으로 인한 고통을 호소하는 경우 수갑 착용 상태를 확인하여 재착용, 앞수갑 사용, 한 손 수갑 사용 등 적절한 조치를 취하여야 한다.

바. 경찰관은 급박한 상황에서 수갑이 없거나 사용이 불가능한 경우 예외적으로 경찰혁대 등을 수갑 대용으로 사용할 수 있다.

3.5. 경찰봉 사용

3.5.1. 경찰봉의 정의

경찰봉은 강화 플라스틱, 나무 또는 금속으로 제작된 원통형 막대기로서 경찰청이 지급 또는 인정한 장비를 말한다.

3.5.2. 경찰봉 사용 한계

가. 격리도구로서의 경찰봉 사용

경찰관은 '소극적 저항' 이상인 상태의 대상자에게 경찰봉을 대상자의 신체에 안전하게 밀착한 상태로 밀거나 끌어당길 수 있다.

나. 중위험 물리력으로서의 경찰봉 사용

1) 경찰관은 '폭력적 저항' 이상인 상태의 대상자의 신체를 경찰봉으로 찌르거나 가격할 수 있다. 이 경우 가급적 대상자의 머리, 얼굴, 목, 흉부, 복부 등 신체 중요 부위를 피하여야 한다.

2) 경찰관은 현행범 또는 사형·무기 또는 장기 3년 이상의 징역이나 금고에 해당하는 죄를 범한 대상자가 도주하는 경우 체포를 위해서 경찰봉으로 찌르거나 가격할 수 있다. 이 경우 가급적 신체 중요 부위를 피하여야 한다.

다. 고위험 물리력으로서의 경찰봉 사용

1) 경찰봉 이외의 여타 모든 경찰 물리력 사용이 불가능하거나 무력화된 상태에서 형법상 정당방위 또는 긴급피난의 요건을 충족하는 경우 경찰관은 최후의 수단으로서 경찰봉으로 대상자의 신체 중요 부위 또는 급소 부위를 찌르거나 가격할 수 있다.
2) 경찰관이 경찰봉을 '고위험 물리력'으로 사용할 수밖에 없는 불가피한 경우에는 3.9.2.항의 권총 사용 한계 가.~마.를 따른다.

3.6. 방패 사용

3.6.1. 방패의 정의

방패는 강화 플라스틱 또는 금속으로 제작된 판으로서 경찰청이 지급 또는 인정한 장비를 말한다.

3.6.2. 방패 사용 한계 및 유의사항

가. 격리도구로서의 방패 사용

경찰관은 '소극적 저항' 이상인 상태의 대상자에게 방패를 대상자의 신체에 안전하게 밀착한 상태로 밀 수 있다.

나. 중위험 물리력으로서의 방패 사용

1) 경찰관은 대상자의 '폭력적 저항' 이상인 상태의 대상자에 대해 방패로 강하게 압박 또는 세게 밀 수 있다.
2) 경찰관은 현행범 또는 사형·무기 또는 장기 3년 이상의 징역이나 금고에 해당하는 죄를 범한 범인이 도주하는 경우 체포를 위해 방패로 막거나 세게 밀 수 있다.

다. 고위험 물리력으로서의 방패 사용

1) 방패 이외의 여타 모든 경찰 물리력 사용이 불가능하거나 무력화된 상태에서 형법상 정당방위 또는 긴급피난의 요건을 충족하는 경우 경찰관은 최후의 수단으로서 방패를 '고위험 물리력'으로 활용하여 대상자의 신체를 가격할 수 있다.
2) 경찰관이 방패를 '고위험 물리력'으로 사용할 수밖에 없는 불가피한 경우에는 3.9.2.항

의 권총 사용 한계 가.~마.를 따른다.

3.7. 분사기 사용

3.7.1. 분사기의 정의

분사기는 사람의 활동을 일시적으로 곤란하게 하는 최루 또는 자극 등의 작용제를 내장된 압축가스의 힘으로 분사할 수 있는 기기로서 경찰청이 지급 또는 인정한 장비를 말한다.

3.7.2. 분사기 사용 한계 및 유의사항

가. 경찰관은 '적극적 저항' 이상인 상태의 대상자에 대해 다른 저위험 물리력 이하의 수단으로 제압이 어렵고, 경찰관이나 대상자의 부상 등의 방지를 위해 필요하다고 판단되는 경우 분사기를 사용할 수 있다.
나. 경찰관은 범인의 도주방지를 위해 분사기를 사용할 수 있다.
다. 경찰관은 정당방위나 긴급피난의 요건이 충족되지 않는 한, 다음 어느 하나에 해당하는 상황에서는 분사기를 사용하여서는 아니 된다.
　1) 밀폐된 공간에서의 사용(다만, 경찰 순찰차의 운행을 방해하는 대상자를 제압하기 위해 다른 물리력 사용이 불가능한 경우는 제외한다)
　2) 대상자가 수갑 또는 포승으로 결박되어 있는 경우(다만, 대상자의 행위로 인해 경찰관 또는 제3자에 대한 신체적 위해 발생 가능성 있는 경우는 제외한다)
　3) 대상자의 '소극적 저항' 상태가 장시간 지속될 뿐 이를 즉시 중단시켜야 할 정도로 급박하거나 위험하지 않은 상황
　4) 경찰관이 대상자가 14세미만이거나 임산부 또는 호흡기 질환을 가지고 있음을 인지한 경우(다만, 대상자의 저항 정도가 고위험 물리력을 사용할 수밖에 없는 상황은 제외한다)
라. 경찰관이 사람을 향하여 분사기를 발사하는 경우에는 사전 구두 경고를 하여야 한다. 다만, 현장상황이 급박한 경우에는 생략할 수 있다.

3.8. 전자충격기 사용

3.8.1. 전자충격기의 정의

전자충격기란 사람의 신체에 전류를 방류하여 대상자 근육의 일시적 마비를 일으킴으로써 대상자의 활동을 일시적으로 곤란하게 할 수 있는 기기로서 경찰청이 지급 또는 인정한 장비를 말한다. 그 사용 방법은 다음을 포함한다.

가. 대상자 신체에 대해 직접 접촉하여 사용하는 스턴 방식
나. 대상자 신체에 대해 직접 발사하여 사용하는 전극침 발사 방식

3.8.2. 전자충격기 사용 한계

가. 경찰관은 '폭력적 공격' 이상인 상태의 대상자에 대해 전자충격기를 사용할 수 있다.
나. 경찰관은 현행범 또는 사형·무기 또는 장기 3년 이상의 징역이나 금고에 해당하는 죄를 범한 대상자가 도주하는 경우 체포를 위해서 전자충격기를 사용할 수 있다.
다. 경찰관은 정당방위나 긴급피난의 요건이 충족되지 않는 한, 다음 어느 하나에 해당하는 상황에서는 전자충격기를 사용하여서는 아니 된다.
   1) 대상자 주변에 가연성 액체(휘발유, 신나 등)나 가스누출, 유증기가 있어 전기 불꽃으로 인한 화재·폭발의 위험성이 있는 상황
   2) 대상자가 계단, 난간 등 높은 곳에 위치하거나 차량·기계류를 운전하고 있는 상황
   3) 대상자가 하천, 욕조 등의 부근에 있거나, 폭우 등으로 주변이 모두 물에 젖은 상황
   4) 대상자가 14세 미만 또는 임산부인 경우
   5) 대상자가 수갑 또는 포승으로 결박되어 있는 경우(다만, '폭력적 공격' 이상인 상태의 대상자로 인해 경찰관 또는 제3자에 대한 신체적 위해 발생 가능성 있는 경우는 제외한다)
   6) 대상자의 '저항' 상태가 장시간 지속될 뿐 이를 즉시 중단시켜야 할 정도로 급박하거나 위험하지 않은 상황
   7) 경찰관이 대상자가 갖고 있는 신체적·정신적 장애로 인하여 전자충격기 사용 시 상당

한 수준의 2차적 부상 또는 후유증이 발생할 가능성을 인지한 경우(다만, 대상자의 저항 정도가 '고위험 물리력'을 사용할 수밖에 없는 상황은 제외한다)
8) 대상자가 증거나 물건을 자신의 입 안으로 넣어 삼켰거나 삼키려 하여 질식할 수 있는 상황

3.8.3. 전자충격기 사용 시 유의사항

가. 경찰관은 근무 시작 전 전자충격기의 배터리 충전 여부와 전기 불꽃 작동 상태를 반드시 확인하여야 한다.

나. 경찰관은 공무수행에 필요하다고 믿을 만한 상황이 아닌 경우에는 전자충격기를 뽑아 들거나 다른 사람을 향하도록 하여서는 아니 되며, 반드시 전자충격기집에 휴대하여야 한다.

다. 경찰관은 전자충격기 사용 필요성이 인정되고 시간적 여유가 있는 경우에는 신속히 이 사실을 직근상급 감독자에게 보고하고, 동료 경찰관에게 전파하여야 한다. 이를 인지한 직근상급 감독자는 필요한 지휘를 하여야 한다.

라. 경찰관이 대상자에게 전자충격기 전극침을 발사하는 경우에는 사전 구두 경고를 하여야 한다. 다만, 현장상황이 급박한 경우에는 생략할 수 있다.

마. 경찰관이 사람을 향해 전자충격기를 사용하는 경우에는 적정사거리(3 ~ 4.5m)에서 후면부(후두부 제외)나 전면부의 흉골 이하(안면, 심장, 급소 부위 제외)를 조준하여야 한다. 다만, 대상자가 두껍거나 헐렁한 상의를 착용하여 전극침의 효과가 없다고 판단되는 경우 대상자의 하체를 조준하여야 한다.

바. 경찰관은 전자충격기 전극침 불발, 명중 실패, 효과 미발생 시 예상되는 대상자의 추가적인 공격에 대한 적절한 대비책(스턴 방식 사용, 경찰봉 사용 준비, 동료 경찰관의 물리력 사용 태세 완비, 경력 지원 요청 등)을 미리 준비하여야 한다.

사. 전자충격기 전극침이 대상자에 명중한 경우에는 필요 이상의 전류가 흐르지 않도록 즉시 방아쇠로부터 손가락을 떼야하며, 1 사용주기(방아쇠를 1회 당겼을 때 전자파장이 지속되는 시간)가 경과한 후 대상자의 상태, 저항 정도를 확인하여 추가적인 전자충격을 줄 필

요가 있다고 판단되는 경우 다시 방아쇠를 당겨 사용할 수 있다.
아. 한 명의 대상자에게 동시에 두 대 이상의 전자충격기 전극침을 발사하거나 스턴 기능을 사용해서는 아니 된다.
자. 수갑을 사용 하는 경우, 먼저 전자충격기를 전자충격기집에 원위치 시킨 이후 양손으로 시도하여야 한다. 전자충격기를 파지한 상태에서 다른 한 손으로 수갑을 사용할 수밖에 없는 불가피한 상황에서는 안전사고 및 전자충격기 피탈방지에 각별히 유의하여야 한다.

3.9. 권총 사용

3.9.1. 권총의 정의
권총은 한 손으로 다룰 수 있는 짧고 작은 총으로서 경찰청이 지급 또는 인정한 무기를 말한다.

3.9.2. 권총 사용 한계
가. 경찰관은 대상자가 경찰관이나 제3자의 생명·신체에 대한 급박하고 중대한 위해를 야기하거나, 위해 발생이 임박한 경우 권총 이외의 수단으로서는 이를 제지할 수 없는 상황에 한하여 대상자에게 권총을 사용할 수 있다.
나. 경찰관은 사형·무기 또는 장기 3년 이상의 징역이나 금고에 해당하는 죄를 저질렀거나 저지르고 있다고 믿을 만한 상당한 이유가 있는 대상자가 도주하면서 경찰관 또는 제3자의 생명·신체에 대한 급박하고 중대한 위해를 야기하거나, 그 위해 발생이 임박한 경우 권총 이외의 수단으로서는 이를 제지할 수 없는 상황에 한하여 체포를 위해 대상자에게 권총을 사용할 수 있다.
다. 경찰관은 대상자가 경찰관 자신이나 제3자의 생명·신체에 대한 중대하고 급박한 위해를 야기하지 않고 단순히 도주하는 경우에는 오로지 체포나 도주방지 목적으로 권총을 사용하여서는 아니 된다.
라. 경찰관은 오로지 대상자 본인의 생명·신체에 대해서만 급박하고 중대한 위해를 야기하는

경우에는 이를 제지할 목적으로 권총을 사용하여서는 아니 된다.

마. 경찰관은 오로지 재산만을 보호할 목적으로 권총을 사용하여서는 아니 된다.

바. 경찰관은 다음 어느 하나에 해당하는 상황에서는 권총을 사용하여서는 아니 된다.

1) 대상자에게 단순히 경고를 하거나 겁을 줄 목적 또는 주의를 환기시킬 목적으로 실탄 또는 공포탄을 발사하는 행위

2) 대상자 이외의 제3자의 생명·신체에 대한 위해가 예상되는 경우(다만, 권총을 사용하지 아니하고는 타인 또는 경찰관의 생명에 대한 중대한 위험을 방지할 수 없다고 인정되는 등 긴급피난의 요건을 충족하는 경우 필요최소한의 범위 내에서 사용할 수 있다)

3) 경찰관이 움직이는 차량에 탑승한 상태에서 권총 실탄을 발사하는 행위(다만, 대상자가 경찰관 또는 제3자를 향해 차량으로 돌진하는 경우와 같이 형법상 정당방위 또는 긴급피난의 요건을 충족하는 경우는 제외한다)

4) 경찰관이 움직이는 차량을 정지시키기 위해 권총 실탄을 발사하는 행위(다만, 대상자가 경찰관 또는 제3자를 향해 차량으로 돌진하는 경우와 같이 형법상 정당방위 또는 긴급피난의 요건을 충족하는 경우는 제외한다)

5) 14세 미만의 자 또는 임산부에 대한 권총 사용(다만, 대상자가 총기 또는 폭발물을 가지고 대항하여 권총을 사용하지 아니하고는 타인 또는 경찰관의 생명·신체에 대한 중대한 위험을 방지할 수 없다고 인정되는 경우는 제외한다)

3.9.3. 권총 사용 시 유의사항

가. 경찰관은 공무수행 중 필요하다고 믿을 만한 경우가 아닌 경우에는 권총을 뽑아 들거나 다른 사람을 향하도록 하여서는 안 되며, 반드시 권총을 권총집에 휴대하여야 한다.

나. 권총 장전 시 반드시 안전고무(안전장치)를 장착한다.

다. 경찰관은 권총 사용의 필요성이 인정되고 시간적 여유가 있는 경우에는 신속히 이 사실을 직근상급 감독자에게 보고하고, 동료 경찰관에게 전파하여야 한다. 이를 인지한 직근상급 감독자는 신속히 현장으로 진출하여 지휘하여야 한다.

라. 경찰관이 권총을 뽑아드는 경우, 격발 순간을 제외하고는 항상 검지를 방아쇠울에서 빼

곧게 뻗어 실린더 밑 총신에 일자로 대는 '검지 뻗기' 상태를 유지하여 의도하지 않은 격발을 방지하여야 한다.

마. 경찰관이 권총집에서 권총을 뽑은 상태에서 사격을 하지 않는 경우, 총구는 항상 지면 또는 공중을 향하게 하여야 한다.

바. 경찰관은 사람을 향하여 권총을 발사하고자 하는 때에는 사전 구두 경고를 하거나 공포탄으로 경고하여야 한다. 다만, 현장상황이 급박하여 대상자에게 경고할 시간적 여유가 없는 경우나 인질·간첩 또는 테러사건에 있어서 은밀히 작전을 수행하는 경우 등 부득이한 때에는 생략할 수 있다.

사. 경찰관이 공포탄 또는 실탄으로 경고 사격을 하는 때는 경찰관의 발 앞쪽 70도에서 90도 사이 각도의 지면 또는 장애물이 없는 허공을 향하여야 한다.

아. 경찰관은 사람을 향해 권총을 조준하는 경우에는 가급적 대퇴부 이하 등 상해 최소 부위를 향한다.

자. 경찰관이 리볼버 권총을 사용하는 경우 안전을 위해 가급적 복동식 격발 방법을 사용하여야 하며, 단동식 격발 방법을 사용하는 경우 격발에 근접한 때가 아닌 한 권총의 공이치기를 미리 젖혀놓지 않도록 하여야 한다.

차. 수갑을 사용하는 경우, 먼저 권총을 권총집에 원위치 시킨 이후 양손으로 시도하여야 한다. 권총을 파지한 상태에서 다른 한 손으로 수갑을 사용할 수밖에 없는 불가피한 상황에서는 오발 사고 및 권총 피탈 방지에 각별히 유의하여야 한다.

제4장. 경찰 물리력 사용 후 조치사항

4.1. 부상자 확인 및 조치

4.1.1. 경찰관이 대상자에게 신체접촉을 동반하는 물리력을 사용한 경우에는 반드시 대상자의 부상 여부를 즉시 확인하고, 부상 발생 시에는 지체 없이 의료진 호출, 응급조치 실

시, 대상자 병원 후송, 직근상급 감독자 보고 등의 긴급조치를 취하여야 한다.
4.1.2. 이 사실을 보고받은 직근상급 감독자는 즉시 현장으로 진출하여 물리력 사용 및 부상 경위 파악, 현장 보존, 목격자 확보 등 필요한 후속조치를 취하여야 한다.
4.1.3. 대상자 병원 후송 시에는 지체 없이 대상자의 보호자 등에 해당 사실을 통지하여야 한다.

4.2. 사용보고

4.2.1. 경찰관이 권총, 전자충격기(스턴 방식 사용 포함), 분사기, '중위험 물리력' 이상의 경찰봉·방패, 기타 사람에게 위해를 끼칠 수 있는 장비를 사용한 경우 신속히 별지 서식의 사용보고서를 작성하여 소속기관의 장에게 보고하여야 한다.
4.2.2. 수갑을 사용한 때에는 일시·장소·사용경위·사용방식·사용시간 등을 근무일지 또는 수사보고서에 기재하여야 한다.
4.2.3. 수갑 또는 신체적 물리력을 사용하여 대상자에게 부상이 발생한 경우 별지 서식의 사용보고서를 작성하여 보고하여야 한다.
4.2.4. 경찰관이 권총을 사용한 경우 또는 권총 이외의 물리력 수단을 사용하여 대상자에게 사망 또는 심각한 부상이 발생한 경우 소속기관의 장은 그 내용을 상급 경찰기관의 장을 경유하여 경찰청장에게 보고하여야 한다.

4.3. 고위험 물리력 사용자에 대한 조치

4.3.1. 소속 경찰관이 권총을 비롯한 '고위험 물리력'을 사용한 경우 경찰기관의 장은 해당 경찰관이 명백히 중대한 과실 또는 고의로 권총을 사용하지 않은 이상 육체적, 심리적 안정을 되찾고 향후 관련 조사에 성실히 임하게 할 필요가 있다고 인정되는 때에는 적절한 조치(조사를 위한 공가 허가, 근무 중 휴게 부여, 근무지정 해제, 의료기관·상담기관 연계 등)를 취하여야 한다.

4.3.2. '고위험 물리력'을 사용한 경찰관의 육체적, 심리적 안정을 위한 조치를 취하는 경우에는 직근상급 감독자가 물리력 사용 경찰관을 대리하여 사용보고서를 작성, 보고하여야 한다.

부　　칙
이 규칙은 발령 후 6개월이 경과한 날부터 시행한다.

부　　칙(2019. 7. 18.)
이 규칙은 2019.11.24.부터 시행한다.

2
Chapter

K삼단봉 기본기

1. 삼단봉 잡기(파지법)

한 손 잡기와 양손 잡기로 구분한다. 상단세, 중단세, 하단세, 고정세, 이동세 등 자세마다 달리해서 편하게 잡는다.

가. 주수

봉 손잡이를 잡은 손을 말한다.

나. 보조수

주수의 반대 손을 말하며 주수를 도와 기술이 잘 운용되도록 돕는다.

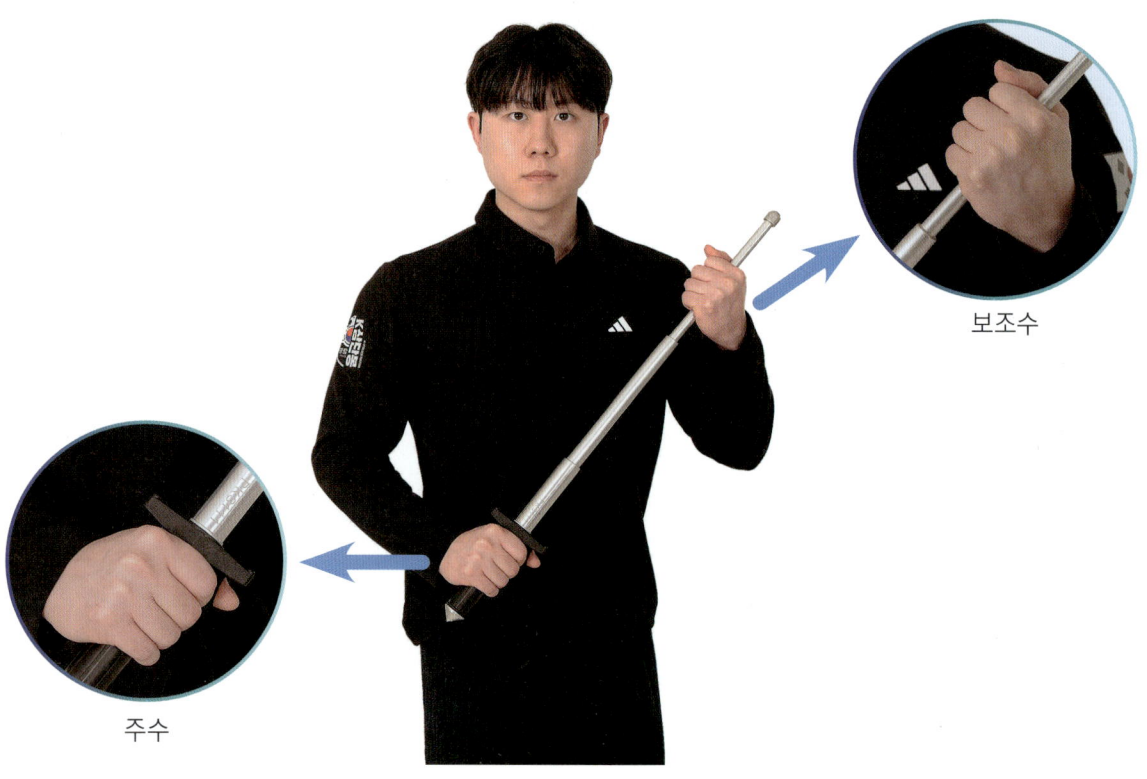

2. 봉 펼치기(발봉)

펼치는 방향에 따라 수직, 사선, 수평 방향으로 봉을 펼친다.

가. 수직 펼치기

위에서 아래로 수직으로 펼친다.

나. 사선 펼치기

아래로, 위로 사선으로 펼친다.

다. 수평 펼치기

좌에서 우로 수평으로 펼친다.

3. 삼단봉 접기

바닥이나 벽 등 딱딱한 곳에 직각으로 내려쳐 접는다.

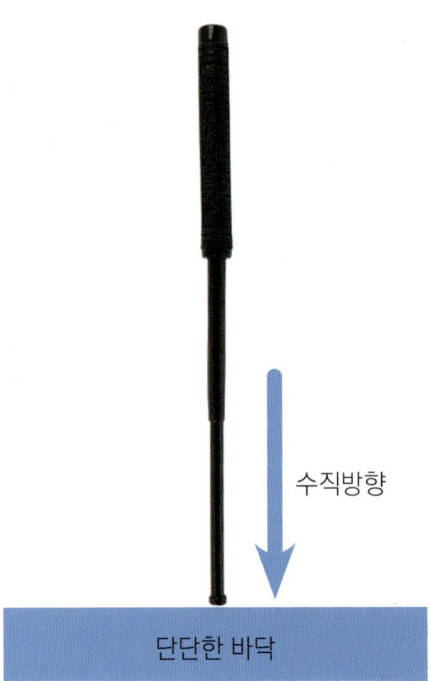

4. 서기

가. 모아서기

두 발이 맞닿도록 붙이고 모아 선 자세 몸을 곧게 펴고 편안하게 호흡한다.

나. 앞굽이

한 발을 앞으로 내디뎌 무게 중심을 앞발에 둔 자세

다. 뒷굽이

한 발 뒤로 물러 무릎을 구부리고 무게 중심을 뒷발에 둔 자세.
대상자의 공격을 피하거나 방어하기 위해 한발을 뒤로 물러나며 자세를 잡는다.

라. 양굽이

앞발과 뒷발의 양 무릎을 구부린 자세.
무기를 잡은 손의 손, 손목, 팔, 어깨 등을 내려칠 때 안정된 자세와 힘을 증강하기 위한 자세다.

4. 대치 자세(겨눔세)

대상자와 대치하고 있는 상황에서의 겨눔 자세를 말한다.

가. 한 손 자세

삼단봉 손잡이를 한 손으로 잡은 자세

1) 상단세

주수는 삼단봉을 어깨 위쪽에 놓이도록 잡고 보조수는 위해 감소를 위해 앞으로 뻗는다.
① 우상단세 : 오른발을 앞에 둔 자세
② 좌상단세 : 왼반을 앞에 둔 자세

2) 중단세

주수는 봉 끝이 정면을 향하도록 잡고 보조수는 위해 감소 노력을 위해 팔을 뻗는다.
① 우중단세 : 오른발을 앞에 둔 자세
② 좌중단세 : 왼반을 앞에 둔 자세

3) 하단세

주수는 봉 끝이 아래 방향을 향하게 잡고 보조수는 위해 감소를 위해 앞으로 뻗는다
① 우하단세 : 오른발을 앞에 둔 자세
② 좌하단세 : 왼반을 앞에 둔 자세

나. 양손 자세

봉 손잡이와 봉의 끝부분을 잡은 자세

1) 고정세

주춤서기(기마자세) 자세다. 엘리베이터, 현관, 방 등 공간이 협소하거나 가구, 장애물로 인해 자유롭지 못한 상황에서 활용되는 자세다.

2) 이동세

한 발을 앞에 둔 자세로 전후좌우로 자유롭게 움직이며 대치하는 자세다.

5. 보법

대상자의 공격에 효과적인 대처를 위해 거리와 각도를 조절하며 움직인다.
체보(끌어 걷기), 진보(나가 걷기), 퇴보(물러 걷기), 이어 걷기, 빗겨 걷기 등이 있다.

가. 끌어 걷기(체보)

발의 바뀜 없이 앞발이 뒷발을 끌고 나간다.

나. 나가 걷기(진보)

뒷발이 1보 앞으로 나가 걷는다.

다. 물러 걷기(퇴보)

앞발이 1보 뒤로 물러 걷는다.

라. 이어 걷기

뒷발과 앞발을 번갈아 앞으로 나가 걷는다.

마. 빗겨 걷기

사선으로 빗겨 걷는다.

7. 방어

대상자의 공격을 피하거나 막아내는 기술이다. 보법을 활용해 피할 수 있고 삼단봉으로 끊어 막거나 후려 막을 수 있다.
'한 손 기술'과 '양손 기술'을 활용한다.

가. 한 손 기술

1) 올려막기
① 안 올려막기
봉 끝이 안쪽을 향하게 올려 막는다.
② 바깥 올려막기
봉 끝이 바깥쪽을 향하게 올려 막는다.

2) 내려막기

뒤로 물러나며 봉 끝이 안쪽을 향해 내려 막는다.

3) 중단 안막기

뒤로 물러나며 봉을 안쪽으로 세워 막는다.

4) 중단 바깥막기

뒤로 물러나며 봉을 바깥으로 세워 막는다.

5) 상사선(위쪽 사선) 안막기

뒤로 물러나며 봉을 안쪽 사선으로 올려 막는다.

6) 상사선 바깥막기

뒤로 물러나며 봉을 바깥쪽 사선으로 올려 막는다.

7) 하사선(아래쪽 사선) 안막기

뒤로 물러나며 봉을 안쪽 사선으로 내려 막는다.

8) 하사선 바깥막기

뒤로 물러나며 봉을 바깥쪽 사선으로 내려 막는다.

나. 양손 기술

봉 손잡이와 끝부분을 잡고 방어하는 기술이다.

1) 올려막기

이동세에서 뒤로 물러나며 전방 45도 올려 막는다.

2) 내려막기

이동세에서 뒤로 물러나며 전방 45도 내려 막는다.

3) 중단 안막기

뒤로 물러나며 안쪽으로 세워 막는다.

4) 중단 바깥막기

뒤로 물러나며 바깥쪽으로 세워 막는다.

5) 상사선 안막기

뒤로 물러나며 안쪽으로 사선 올려 막는다.

6) 상사선 바깥막기

뒤로 물러나며 바깥쪽으로 사선 올려 막는다.

7) 하사선 안막기

뒤로 물러나며 안쪽으로 사선 내려 막는다.

8) 하사선 바깥막기

뒤로 물러나며 바깥쪽으로 사선 내려 막는다.

8. 공격

치기, 찌르기 등의 타격을 말하며 타격 방법에 따라 끊어치기, 후려치기가 있다.
타격 부위는 손목, 팔, 다리 등이다.

가. 치기

단수 치기, 복수 치기가 있다.

1) 내려치기

양굽이 자세로 수직으로 내려친다.

2) 안 수평 치기

대상자의 팔이나 하체를 가격한다.

3) 바깥 수평 치기

대상자의 팔이나 하체를 가격한다.

4) 안 사선 치기

안쪽으로 사선 내려친다.

5) 바깥 사선 치기

바깥쪽으로 사선 내려친다.

6) 안 사선 올려치기

안쪽으로 사선 올려친다.

3) 바깥 사선 올려치기

바깥쪽으로 사선 올려친다.

나. 후려치기

목표물을 끊어 치지 않고 끝까지 후려서 치는 기술을 말한다.

1) 상사선 후려치기

① 안쪽 사선으로 내려 후려치는 기술.

② 바깥쪽 사선으로 내려 후려치는 기술.

2) 수평 후려치기

① 안쪽 수평으로 후려치는 기술.

② 바깥쪽 수평으로 후려치는 기술.

3) 하사선 후려치기

① 안쪽 사선으로 올려 후려치는 기술.

② 바깥쪽 사선으로 올려 후려치는 기술.

다. 찌르기

삼단봉의 양 끝부분을 사용하여 상대의 명치, 복부 등을 찌른다.

1) 한 손 찌르기

대치 상태에서 대상자의 명치, 복부를 곧게 찌른다.

2) 양손 찌르기

대치 상황에서 봉의 손잡이와 중간 부분을 잡고 상대의 명치, 복부를 강하게 찌른다.

3

Chapter

K삼단봉 공방

1. K삼단봉 공방의 정의

공격과 방어력을 높이기 위한 훈련법으로 대상자의 공격을 팔각으로 체계화하여 한눈에 들어오게 만든 공방법이다.

단수공방, 복수공방, 사각공방, 마름공방, 팔각공방 등이 있다.

2. 공방의 원리 및 훈련 방법

가. 교차의 원리

상대방의 공격 방향에 교차되도록 십자로 막는다

나. 훈련방법

한 손 공방과 양손 공방을 활용해 훈련하고, 2회, 4회, 8회 등 횟수를 늘려가며 공방한다.

K팔각공방도

3. 단수 공방

상대방과 한 번 주고받는 공방을 말한다. 한 손 공방과 양손 공방이 있다.

가. 한 손 공방, 양손 공방

1) 상 공방

내려칠 때 올려 막는다

2) 하 공방

대상자가 복부를 찔러 올 때 내려 막는다.

3) 내외 공방

몸통을 칠 때, 안, 바깥으로 막는다.

① 내 공방

② 외 공방

4) 상사 공방

사선 내려칠 때 사선 올려 막는다.

① 안 사선 공방

② 바깥 사선 공방

5) 하사 공방

사선 올려 칠 때 교차가 되도록 사선 내려 막는다.

① 안 사선 공방

② 바깥 사선 공방

4. 복수 공방

가. 상하 공방

대상자가 내려치고 복부 찌를 때 올려 막고 내려 막는다.

나. 내외 공방

대상자가 몸통을 내외로 연속 공격할 때 봉이 교차가 되도록 세워 막는다.

다. 상사 공방

대상자가 내외 사선으로 내려칠 때 봉이 교차 되도록 사선으로 올려 막는다.

라. 하사 공방

대상자가 내외 사선으로 올려 칠 때 봉이 교차 되도록 사선으로 내려 막는다.

5. 사각 공방

사각 형태를 활용해 주고받는 공방 훈련이다.

대상자가 상, 하, 내, 외 네 군데 방향에서 공격할 때 올려막기, 내려 막기, 안 막기, 바깥막기 등 사각 방향으로 방어한다.

공방은 한 손기술과 양손 기술 모두 활용 가능하다. 사각 공방과 마름 공방은 양손 기술 이미지를 실었다.

Part 3. K삼단봉 공방

6. 마름 공방

마름모 형태를 활용해 주고받는 공방 훈련이다.

대상자가 상사선, 하사선 연속으로 공격할 때 상사선 올려막기, 하사선 내려막기로 방어한다.

Part 3. K삼단봉 공방

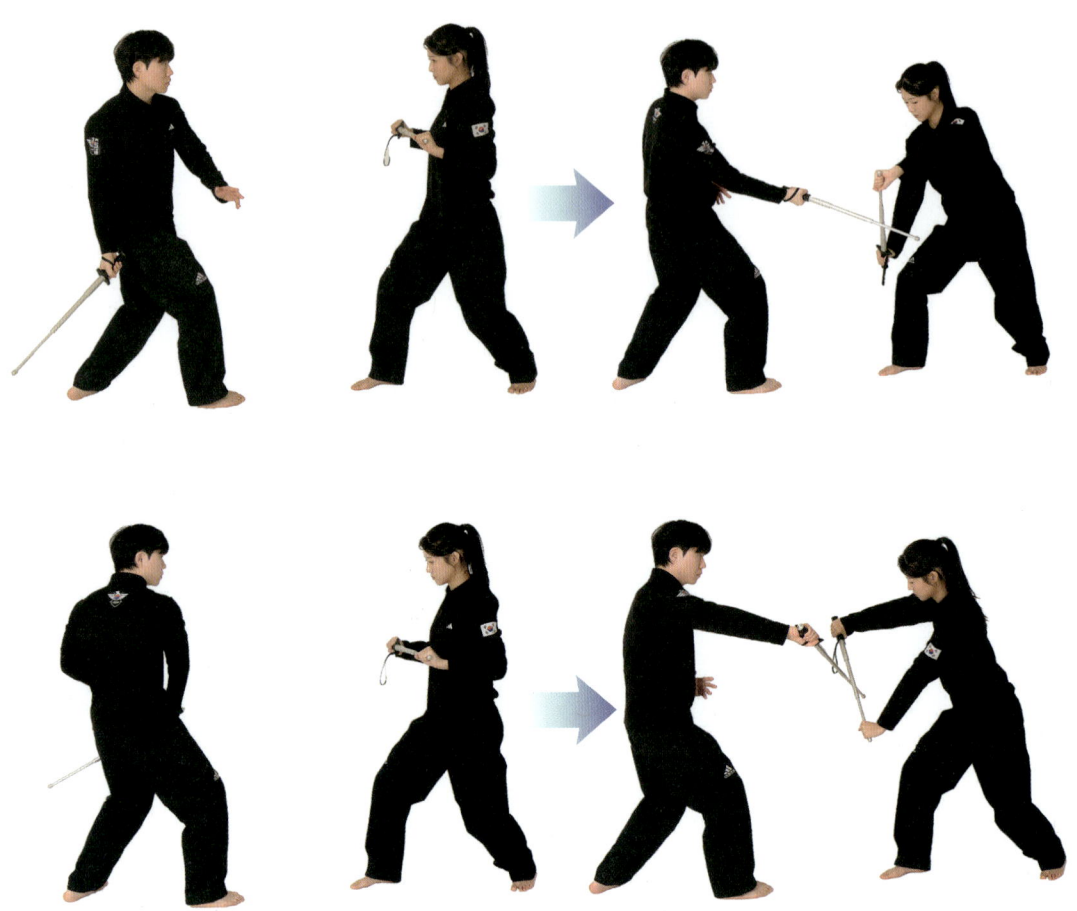

7. 팔각 공방

사각 공방과 마름 공방을 합친 공방 훈련이다.

대상자가 상하내외, 상사선, 하사선 방향으로 치기, 찌르기 등 공격할 때 올려막기, 내려막기, 중단 내외 막기, 내외 상사선 올려막기, 내외 하사선 내려막기로 방어한다.

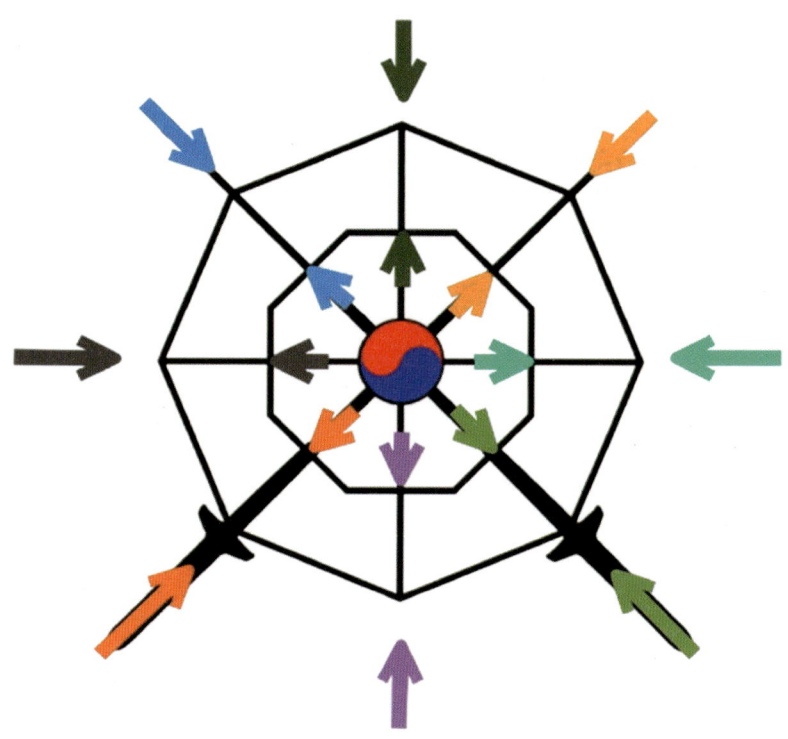

8. 자유 공방

대상자와 공방 순서와 상관없이 자유롭게 주고받는 훈련법이다.

공방의 최종목표는 체계적인 훈련을 통해 공방력을 극대화하는 것이다. 한 손과 양손 훈련을 병행 실시하여 근접 또는 대치 상황에서 압도적인 대처가 가능하도록 역량을 강화해야 한다.

Chapter 4

K삼단봉 타격

1. K삼단봉 타격의 정의

대상자를 효과적으로 가격하기 위한 훈련법이다. 쉽게 쓸 수 있는 기술이지만 제대로 훈련이 되지 않은 상태에서는 효과적인 타격을 기대하기 어렵다. 따라서 각 상황별로 대상자와 거리와 각도 등을 조절해 가면서 정확성을 높이는 타격 훈련이 필요하다.

2. K삼단봉 타격의 구분

끊어치기 : 상대방의 타격 부위를 짧고 강하게 끊어친다.
후려치기 : 타격 시 대상자의 가격 부위를 끊어 치지 말고 쭉 이어서 치는 기술이다.

3. 훈련 방법

상대방을 먼저 공격하는 '선타격'과 상대방의 공격을 방어한 후 타격하는 '후타격'이 있다.

4. 선타격

상대방을 먼저 타격하는 훈련으로 단수치기와 복수치기가 있다. 타격 부위를 정확하고 강하게 가격한다.

가. 내려치기

대치 상황에서 타이밍을 놓치지 않고 흉기든 대상자 손목을 안쪽에서 내려친다.

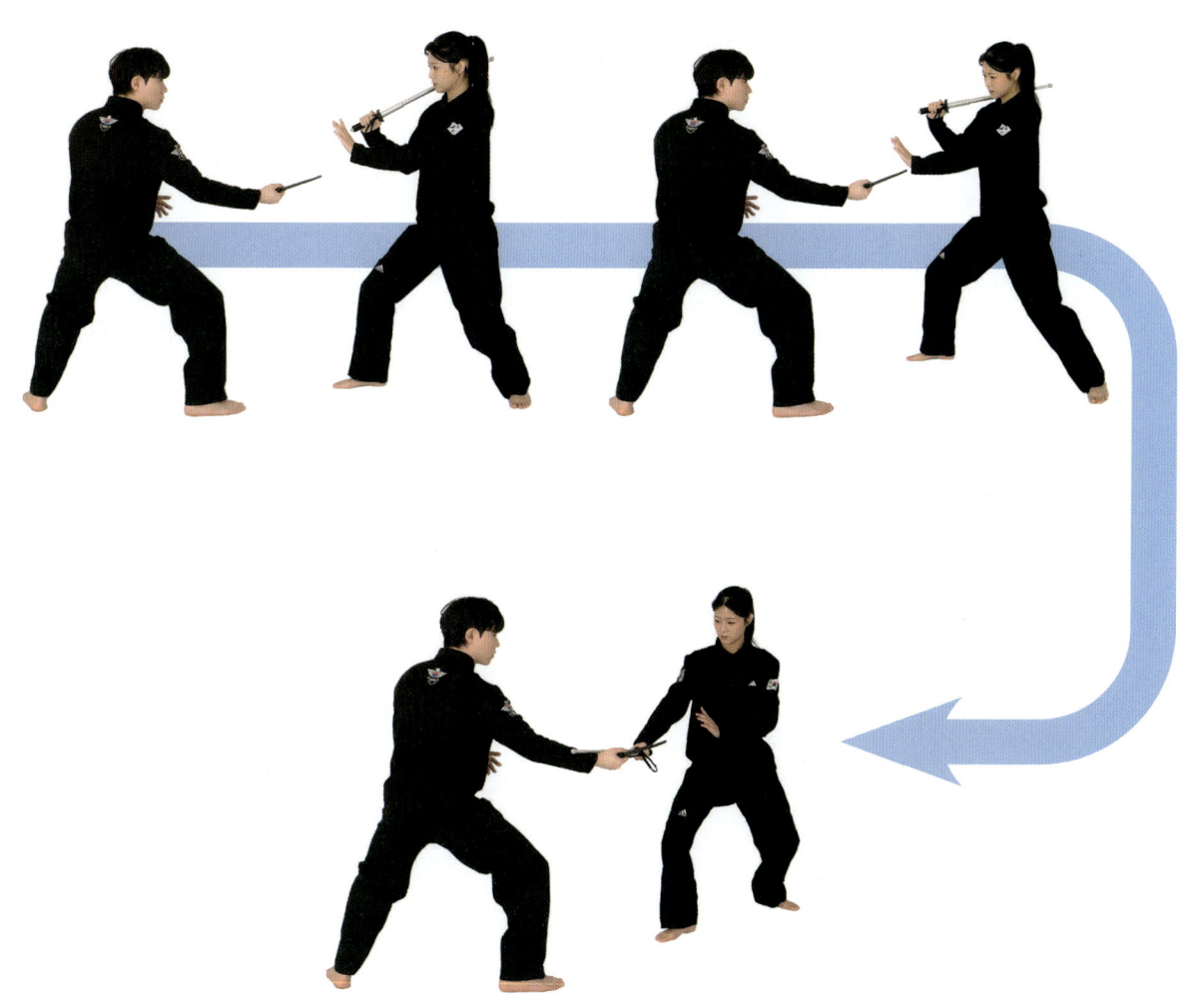

나. 올려치기

대치 상황에서 타이밍을 놓치지 않고 흉기든 대상자 손목을 바깥쪽에서 올려 친다.

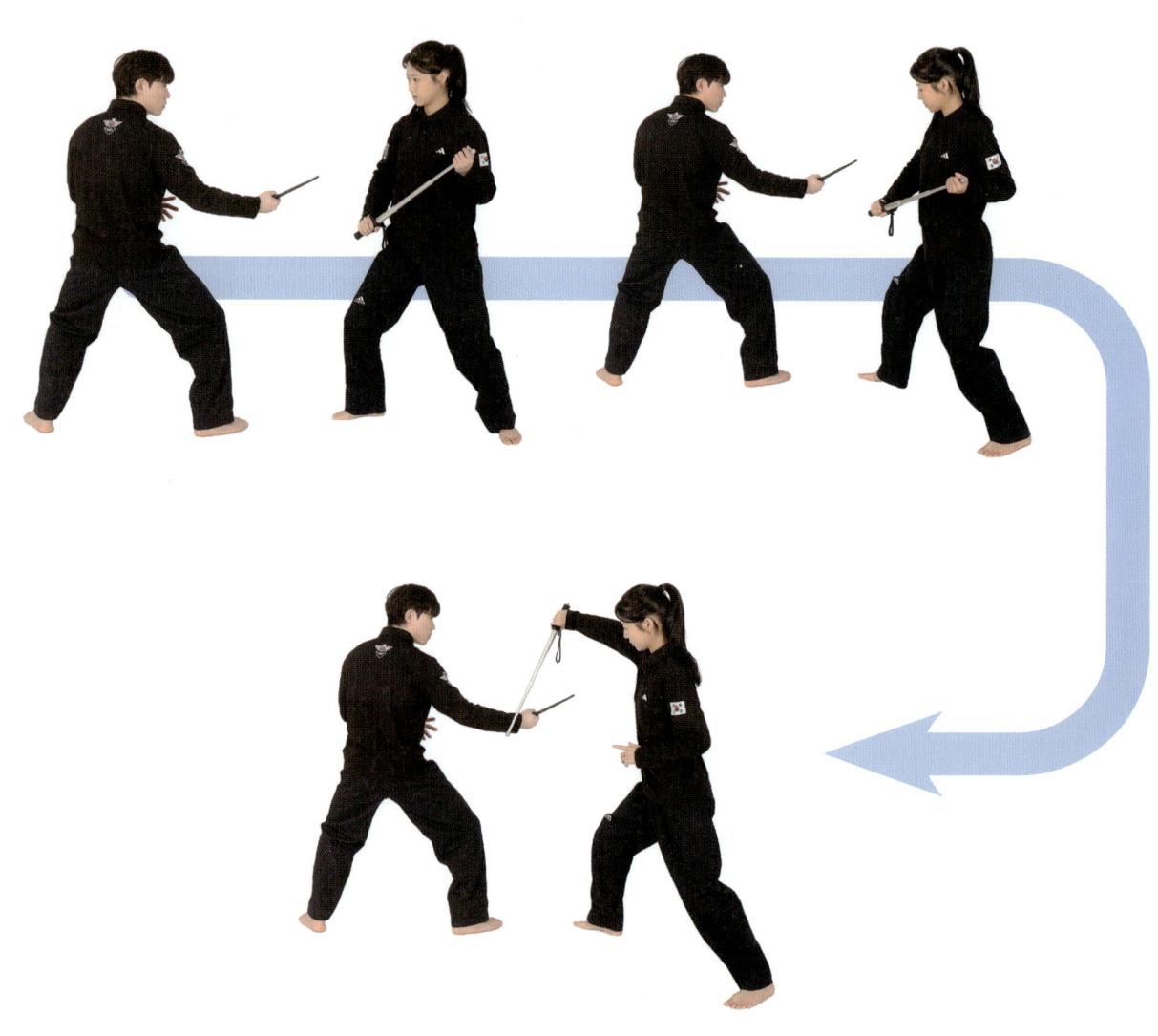

다. 돌려치기

대치 상황에서 타이밍을 놓치지 않고 흉기든 대상자 손목을 돌려친다.

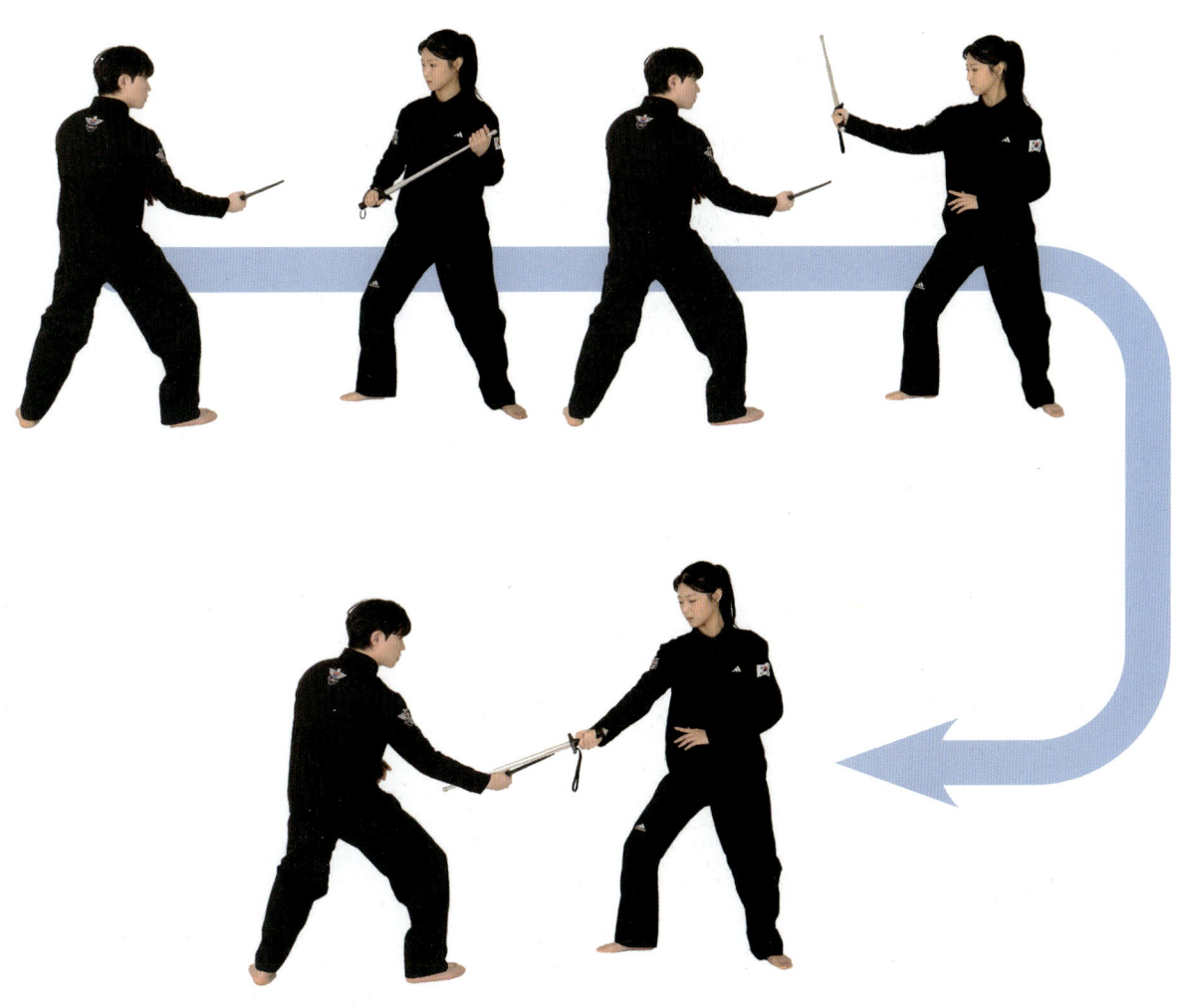

5. 후타격

대상자의 공격을 방어한 후 가격한다.

가. 칼을 내려칠 때

1) 올려 막고 치기

① 안 올려 막고 손목 치기

대상자가 내려칠 때 봉 끝이 안쪽을 향해 올려 막고 대상자의 손목을 내려친다.

② 바깥 올려 막고 손목 치기

대상자가 내려칠 때 봉 끝이 바깥쪽을 향해 올려 막고 대상자의 손목을 내려친다.

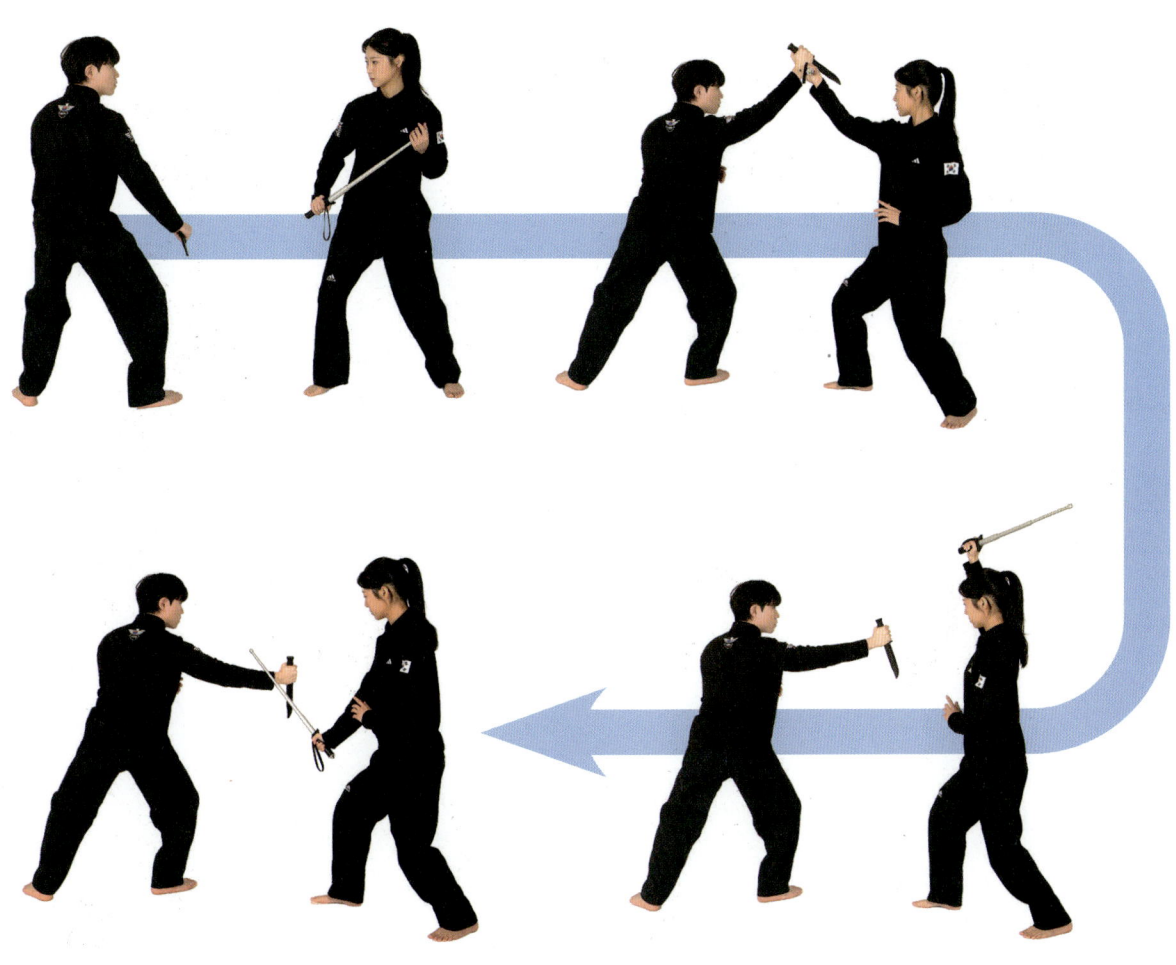

2) 후려 막고 치기

대상자가 내려칠 때 바깥 후려 막고 손목을 내려친다.

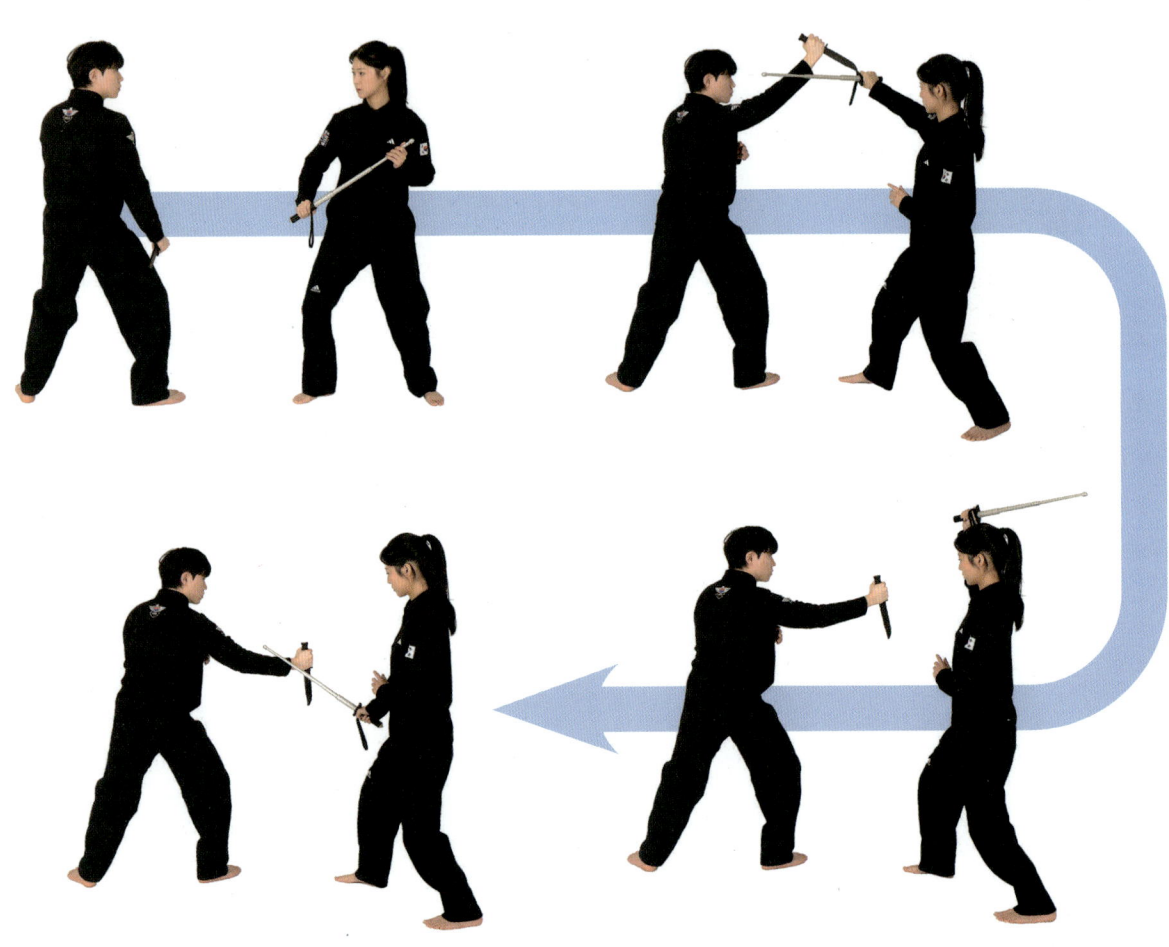

나. 칼을 안 사선 내려칠 때

안 사선 올려 막고 손목을 친다.

다. 칼을 바깥 사선 내려칠 때

바깥 사선 올려막고 손목을 친다.

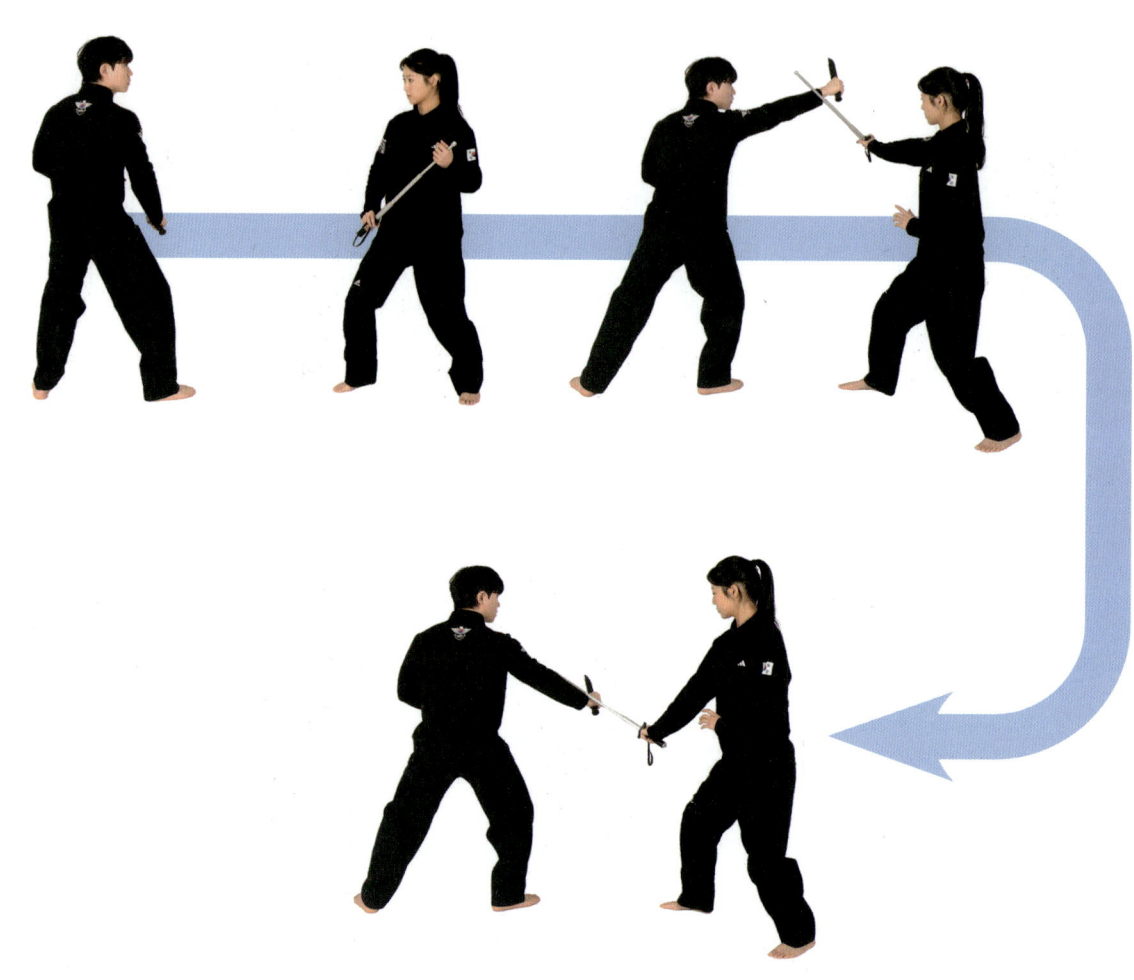

라. 칼로 복부를 찌를 때

아래로 후려 막고 대상자의 손목을 강하게 친다.

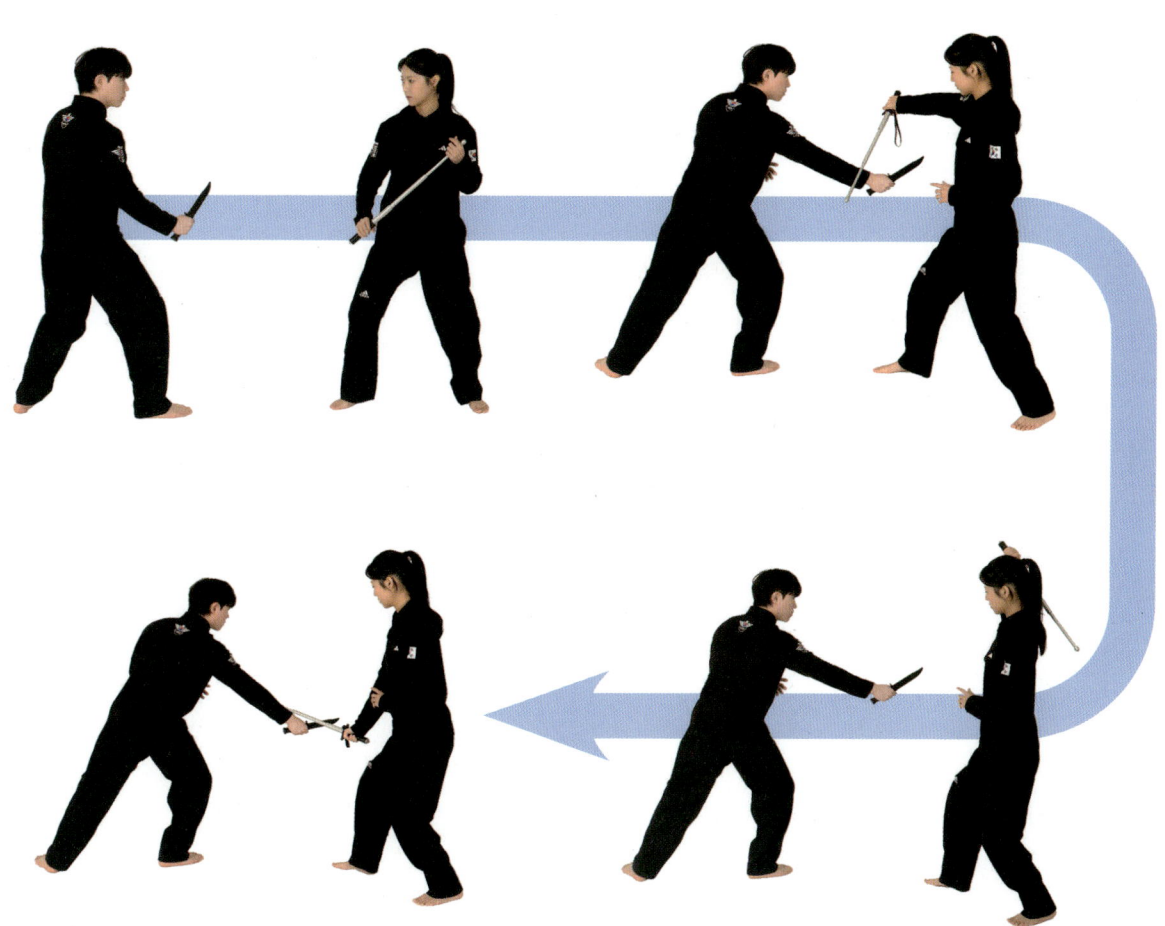

5
Chapter

K삼단봉 체포술

1. 근접술

근접거리에서 대상자가 삼단봉을 잡거나 삼단봉을 잡은 후 공격할 시 삼단봉을 활용해 풀기, 풀고 밀기, 풀고 치기, 풀고 제압하기 등의 기술을 사용한다.

가. 풀기

삼단봉을 잡혔을 때, 삼단봉과 멱살을 동시에 잡혔을 때, 삼단봉을 잡고 주먹 지를 때, 삼단봉을 잡고 칼로 찌를 때 풀어내는 기술이다.

삼단봉을 잡혔을 때

삼단봉과 멱살을 동시에 잡혔을 때

삼단봉을 잡고 주먹 지를 때

삼단봉을 잡고 칼로 찌를 때

1) 대상자가 삼단봉 중간 부분을 한 손으로 잡았을 때

배의 노를 젓는 동작처럼 삼단봉을 위에서 아래로 돌려 풀어낸다. 잡은 팔의 안쪽 또는 바깥쪽으로 돌려 풀어낸다.

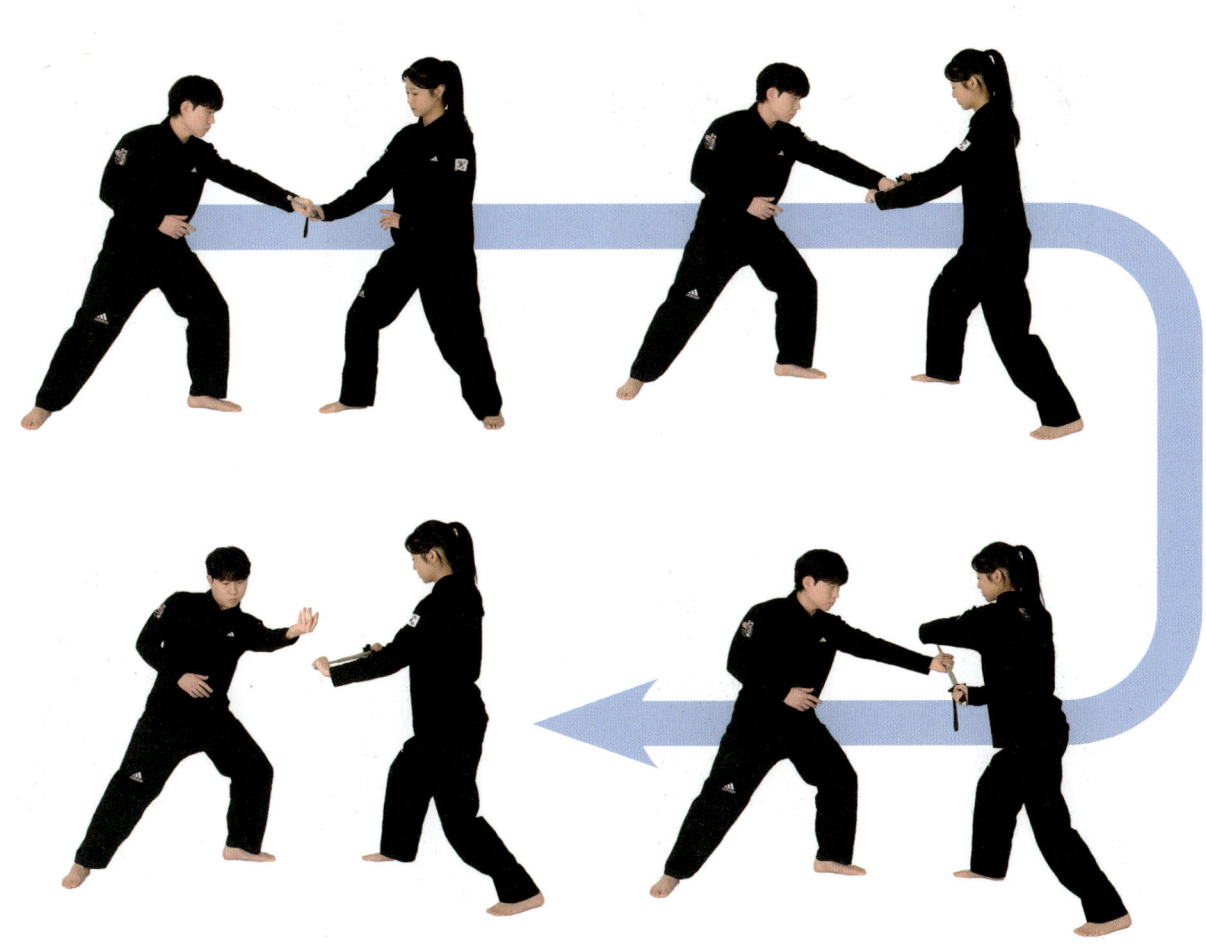

2) 대상자가 삼단봉을 양손으로 잡았을 때

한 손씩 기술을 적용하여 삼단봉을 위에서 아래로 돌려 풀어낸다.

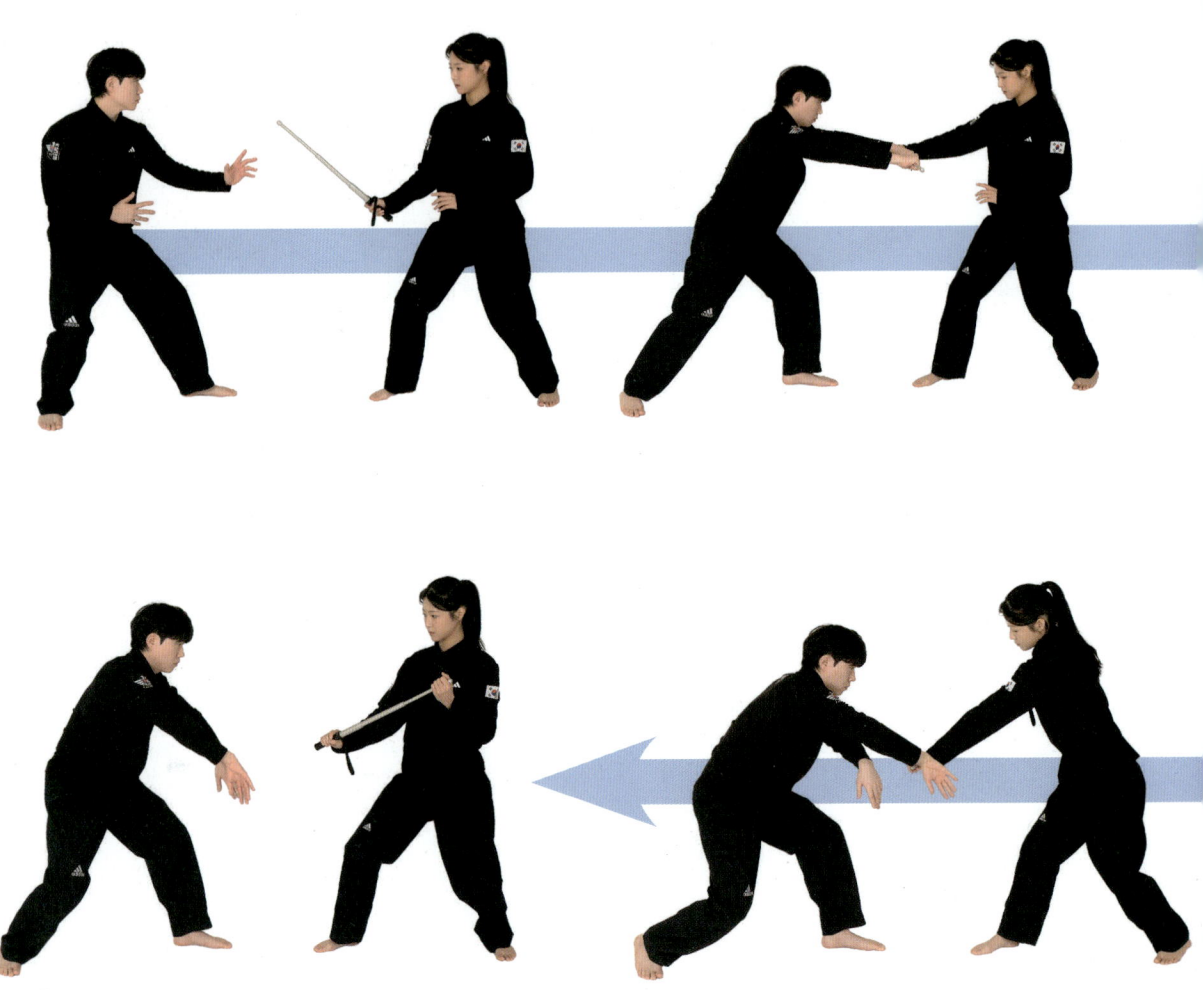

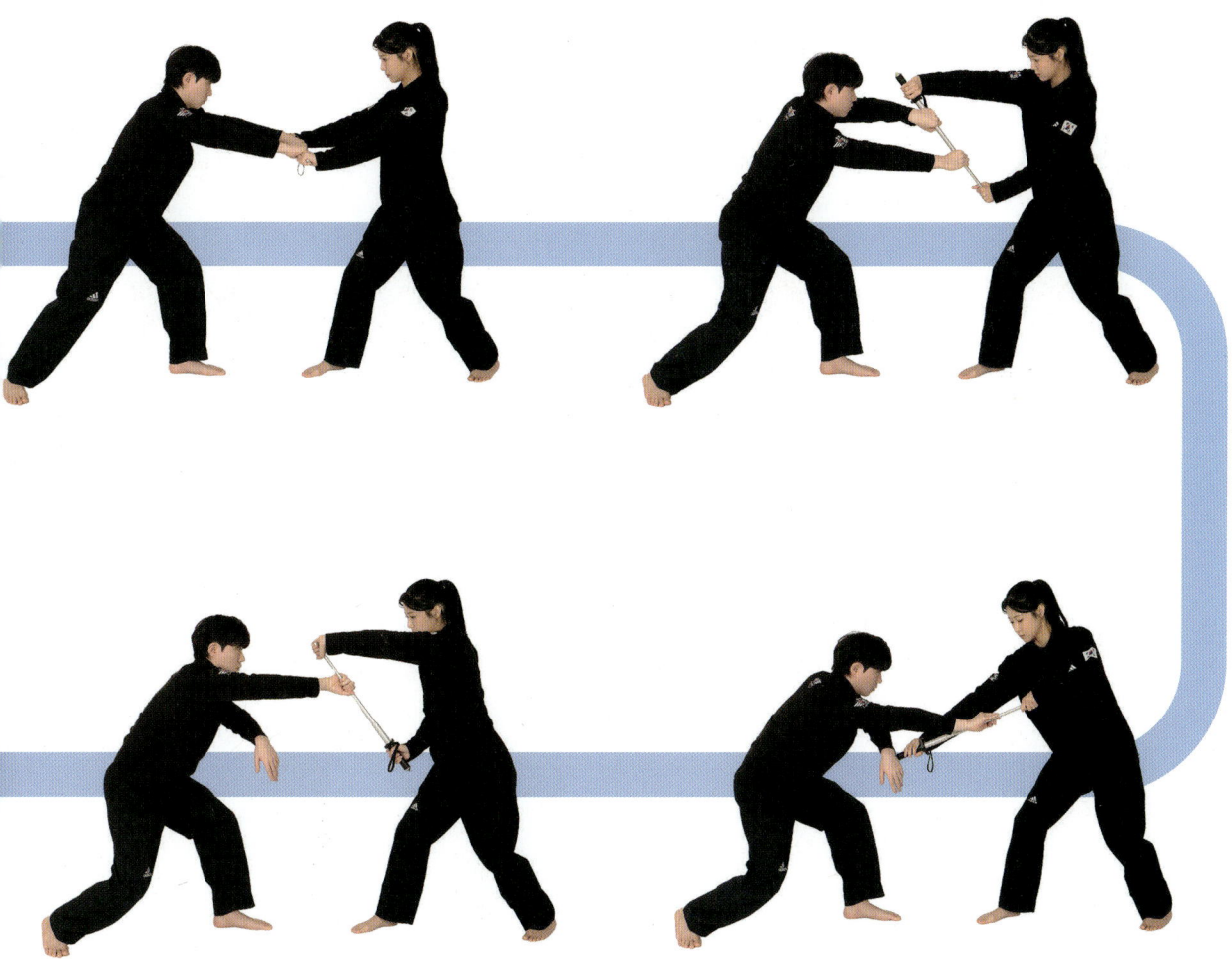

3) 대상자가 삼단봉과 멱살을 잡았을 때

삼단봉을 잡은 손을 먼저 풀고 멱살을 잡은 손목에 봉을 밀착하여 순간 강하게 밀어낸다.

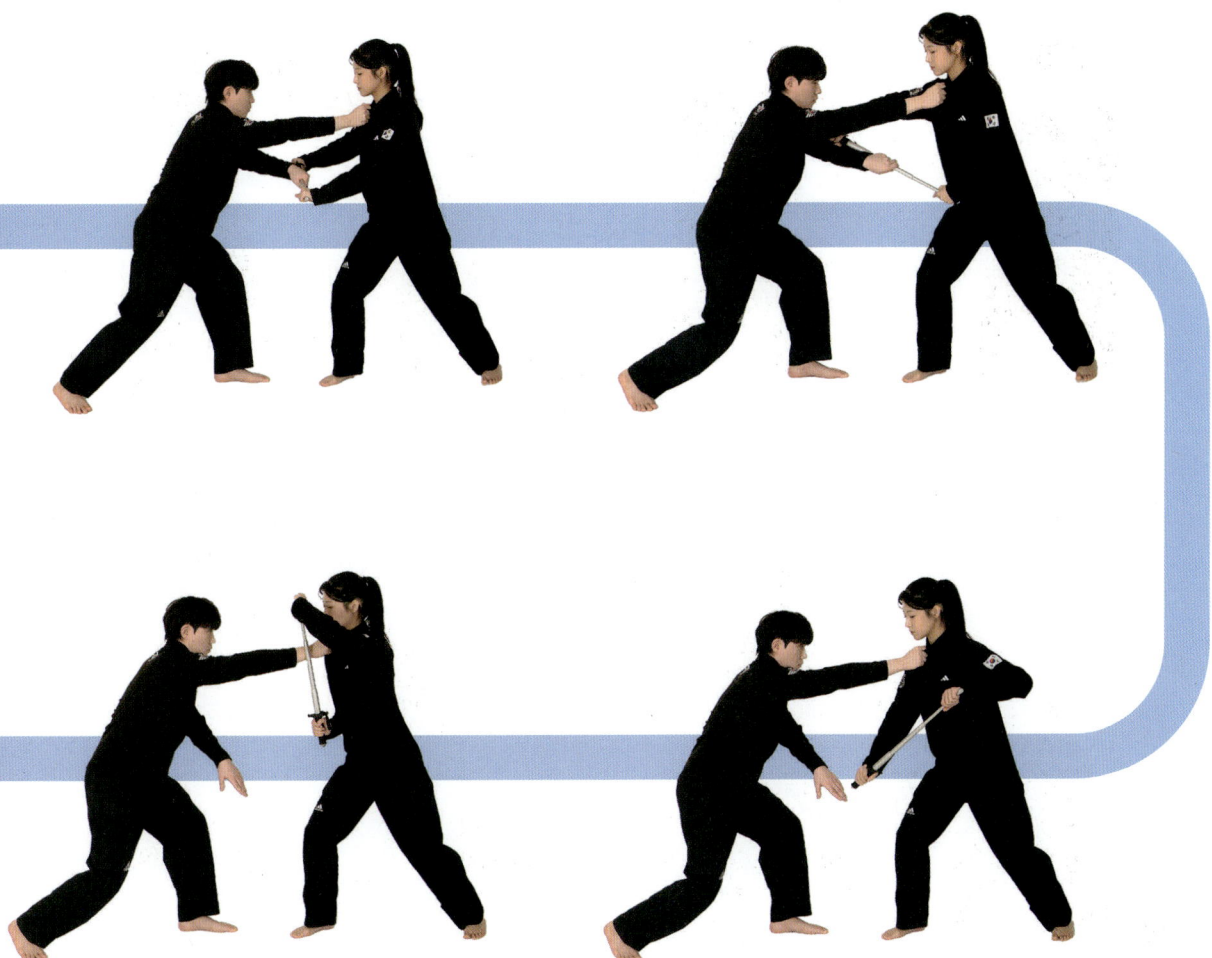

4) 대상자가 삼단봉을 잡고 주먹으로 공격할 때

잡힌 상태에서 봉을 세워 올려 막고 봉을 잡은 손목을 눌러 풀어낸다.

5) 대상자가 삼단봉을 잡고 칼로 복부를 찌를 때

잡힌 상태에서 봉을 세워 내려 막은 후 봉을 반대로 돌리며 상대방의 손목을 눌러 풀어낸다.

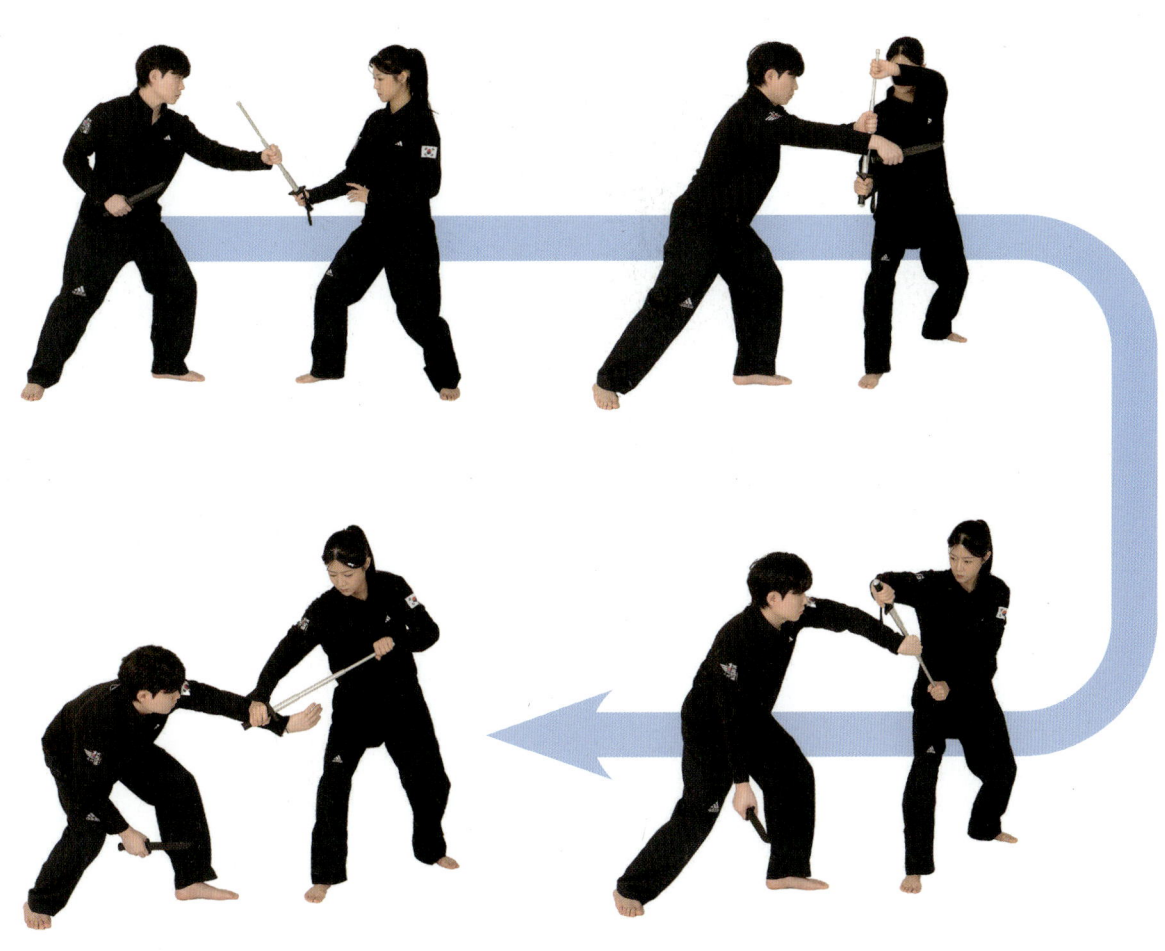

나. 풀고 밀기

잡은 팔, 멱살 등을 풀어낸 다음 상대방의 어깨를 밀어낸다.

1) 대상자가 삼단봉의 중간 부분을 한 손으로 잡았을 때

삼단봉을 위에서 아래로 돌려 풀어낸 다음 상대방의 어깨를 밀어낸다.

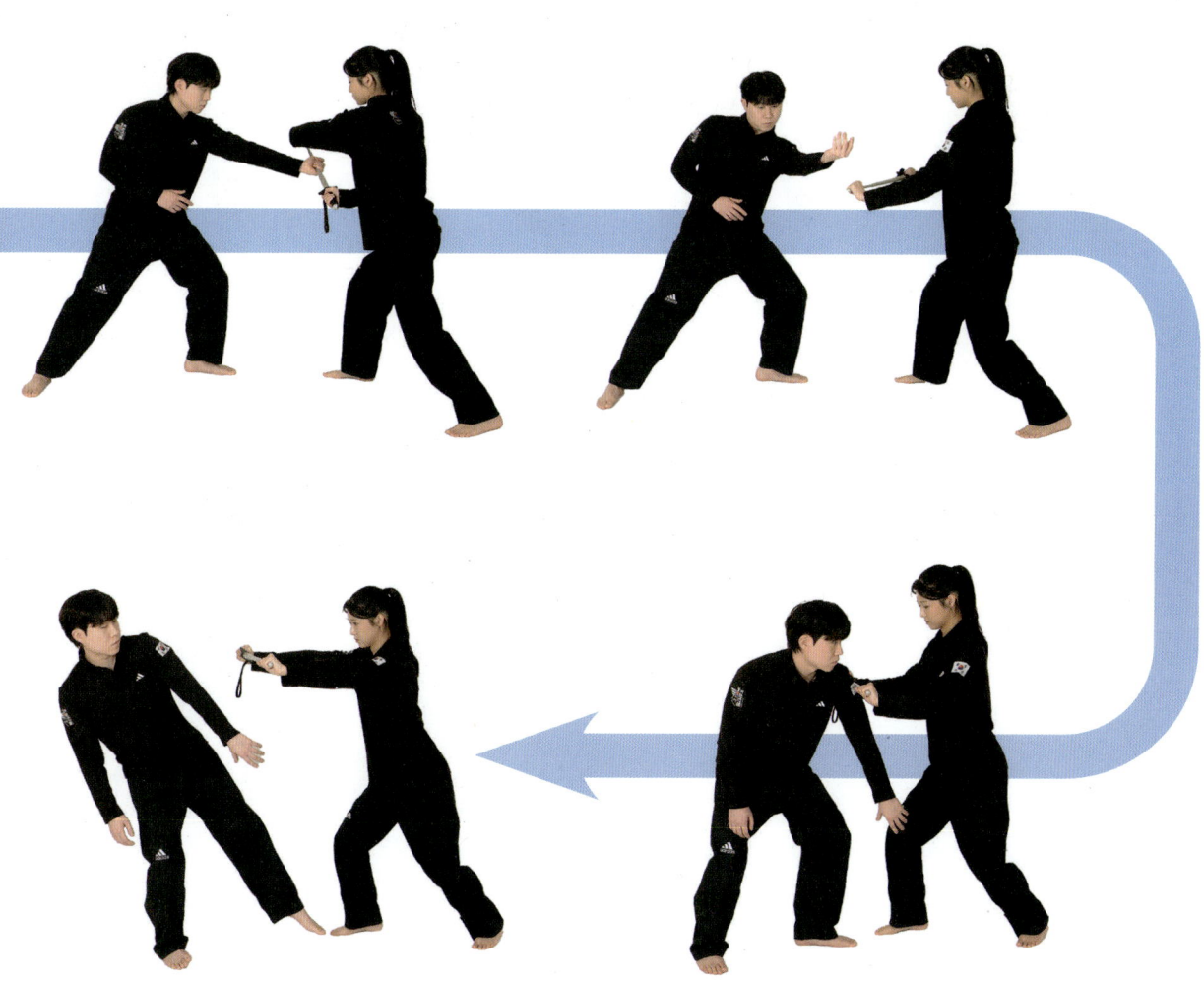

2) 대상자가 삼단봉을 양손으로 잡았을 때

삼단봉을 위에서 아래로 돌려 한 손씩 순서대로 풀어낸 후 상대방의 어깨를 밀어낸다.

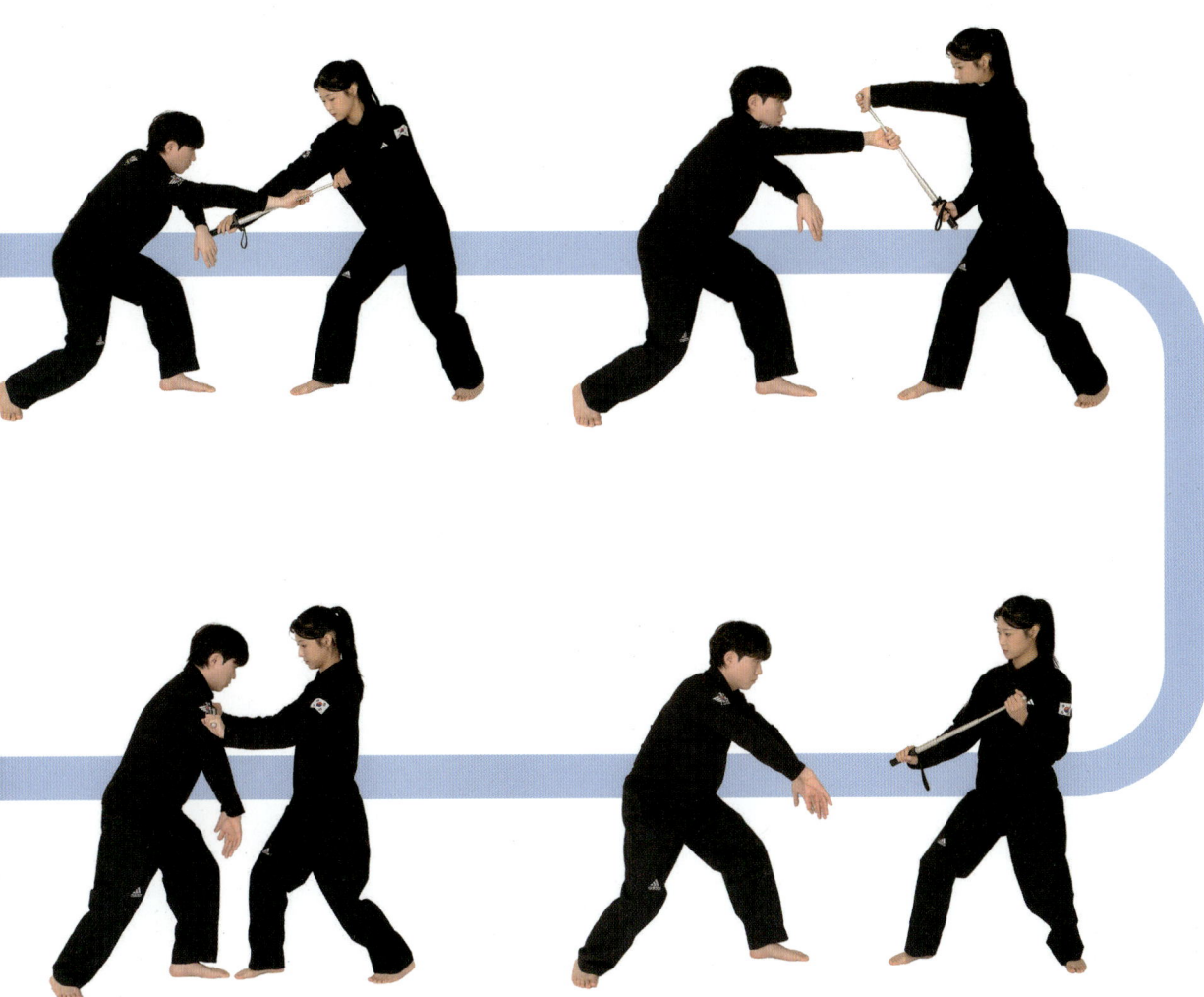

3) 대상자가 삼단봉과 멱살을 동시에 잡았을 때

봉을 잡은 손을 먼저 풀고 멱살을 풀어낸 다음 어깨를 밀어낸다.

119

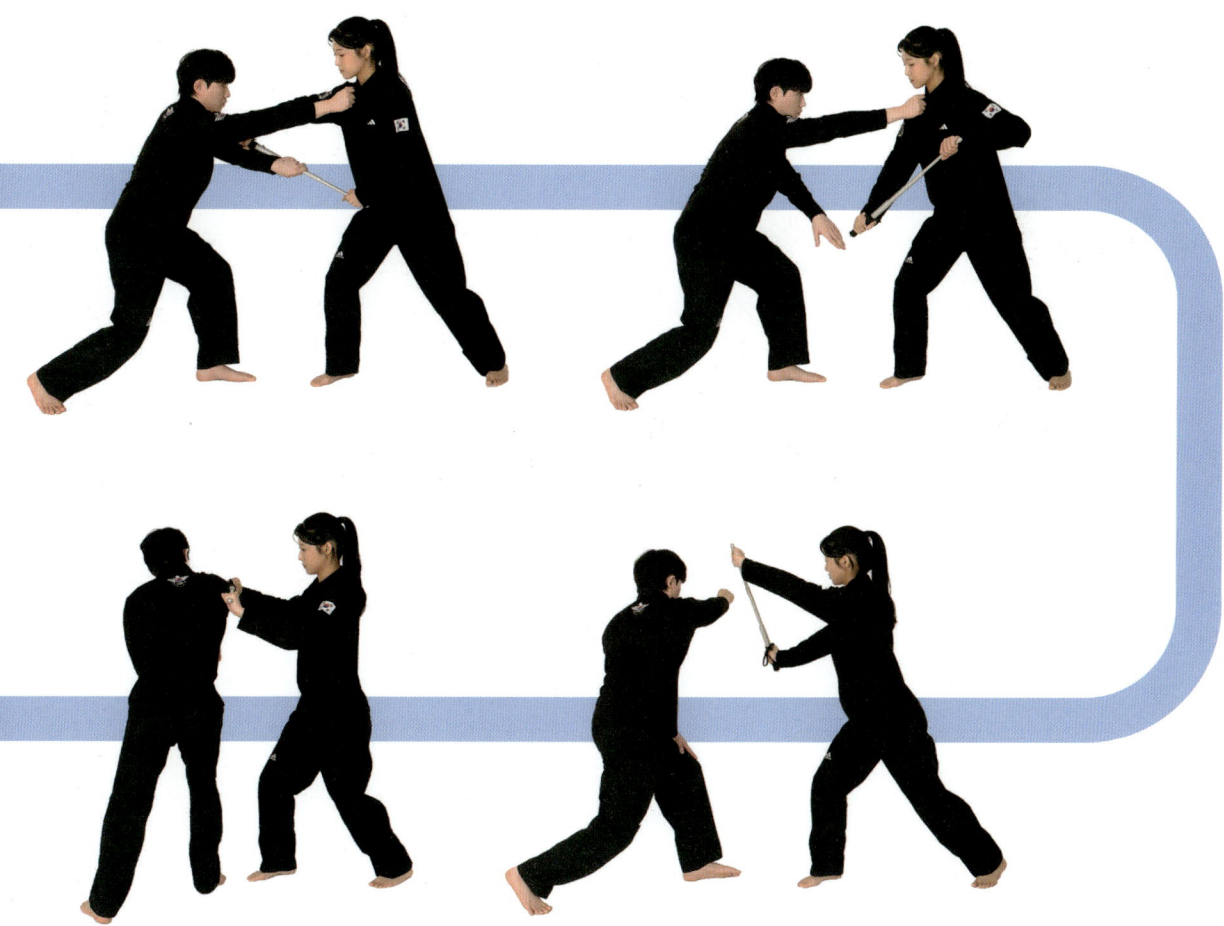

4) 대상자가 삼단봉을 잡고 주먹으로 공격할 때

잡힌 상태에서 봉을 세워 올려 막고 손목을 눌러 풀어낸 다음 어깨를 밀어낸다.

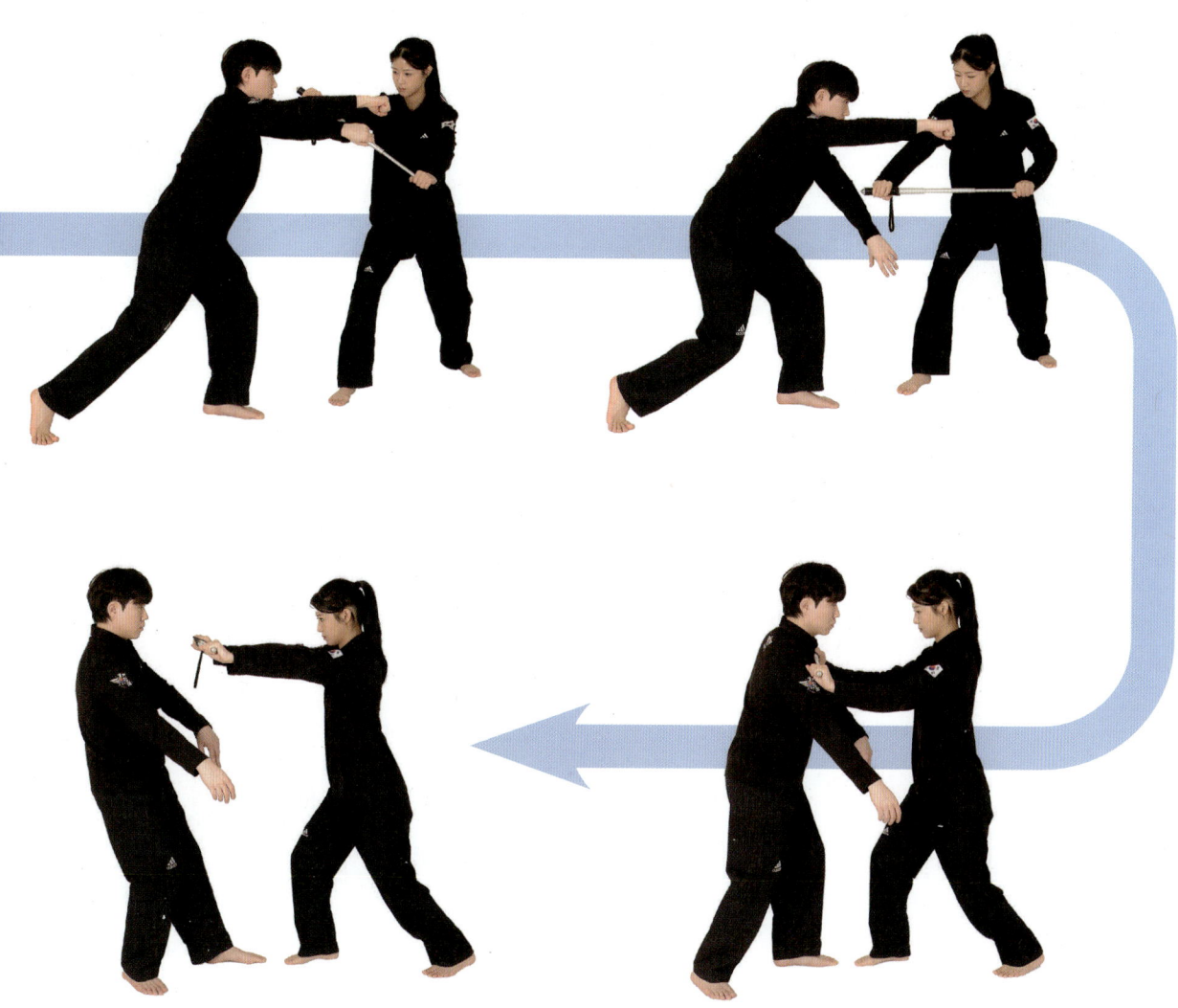

5) 대상자가 삼단봉을 잡고 칼로 복부를 찌를 때

잡힌 상태에서 봉을 세워 내려 막고 반대로 돌려 대상자의 손목을 누르며 풀어낸 다음 어깨를 밀어낸다.

다. 풀고 치기

팔과 멱살 등을 풀어낸 다음 가격한다.

1) 대상자가 삼단봉의 중간 부분을 한 손으로 잡았을 때

삼단봉을 위에서 아래로 돌려 풀어낸 다음 상대방의 하체를 가격한다.

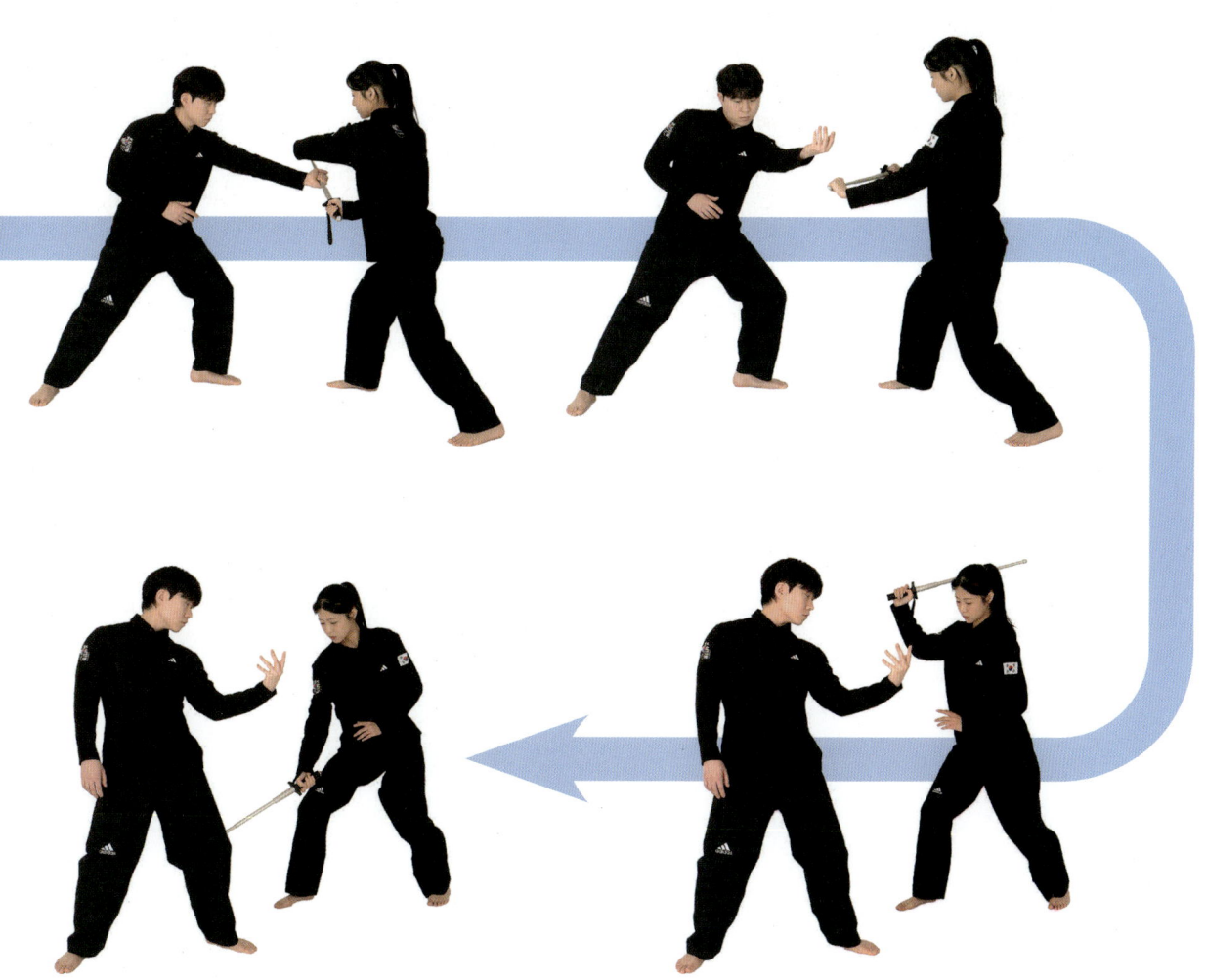

2) 대상자가 삼단봉을 양손으로 잡았을 때

삼단봉을 위에서 아래로 돌려 한 손씩 순서대로 풀어낸 후 상대방의 하체를 가격한다.

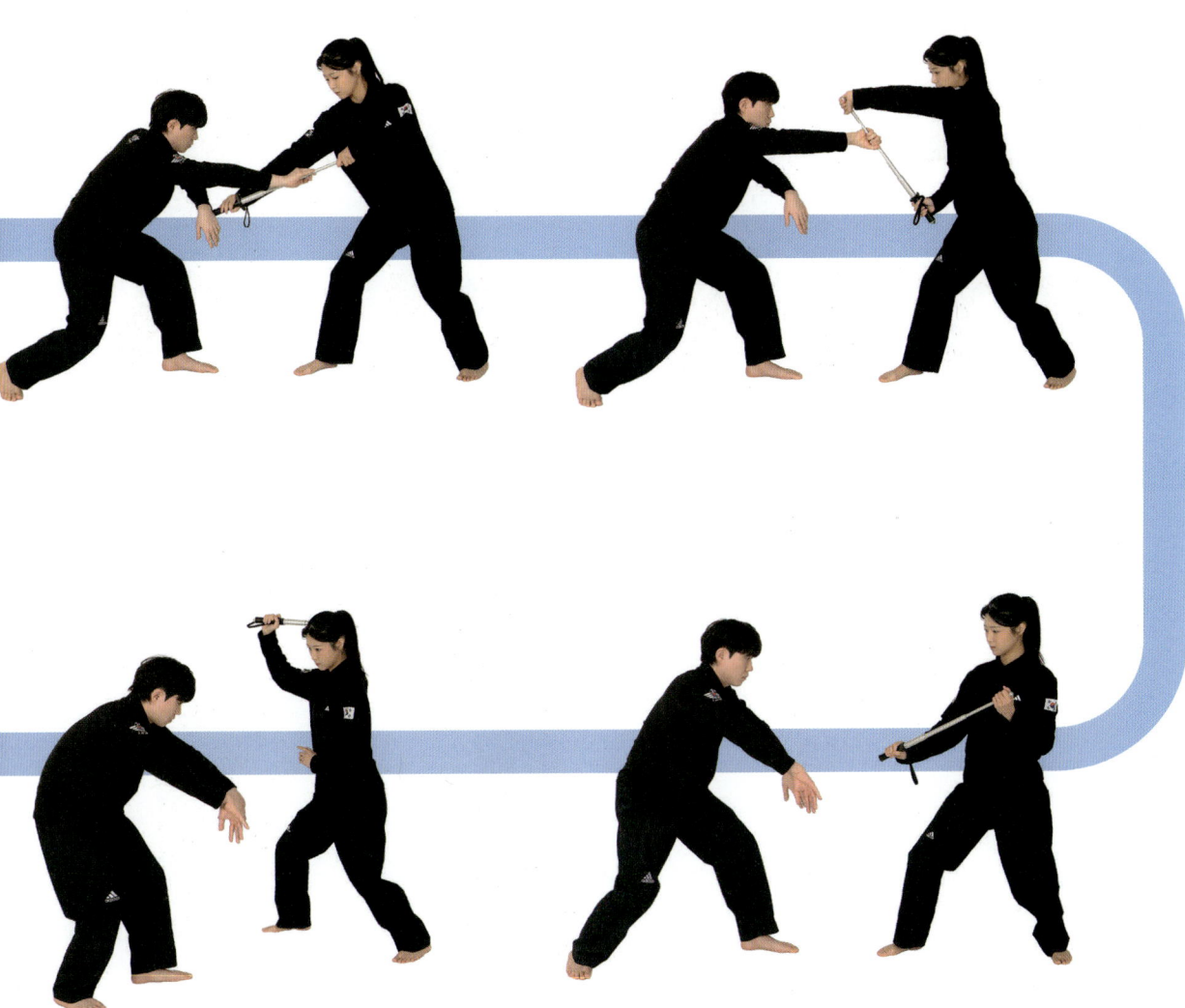

3) 대상자가 삼단봉과 멱살을 동시에 잡았을 때

봉을 잡은 손을 먼저 풀고 멱살을 풀어낸 다음 상대방의 하체를 가격한다.

4) 대상자가 삼단봉을 잡고 주먹으로 공격할 때

잡힌 상태에서 봉을 세워 올려 막고 손목을 눌러 풀어낸 다음 상대방의 하체를 가격한다.

5) 대상자가 삼단봉을 잡고 칼로 복부를 찌를 때

잡힌 상태에서 봉을 세워 내려 막고 반대로 돌려 대상자의 손목을 누르며 풀어낸 다음 상대방의 손목을 가격한다.

라. 풀고 제압

잡은 팔, 멱살 등을 풀어낸 다음 상대방의 목, 팔, 몸통 등을 제압한다.

1) 대상자가 삼단봉의 중간 부분을 한 손으로 잡았을 때

① 잡은 팔의 바깥쪽으로 봉을 위에서 아래로 돌려 풀어낸 다음 목을 감아 제압한다.

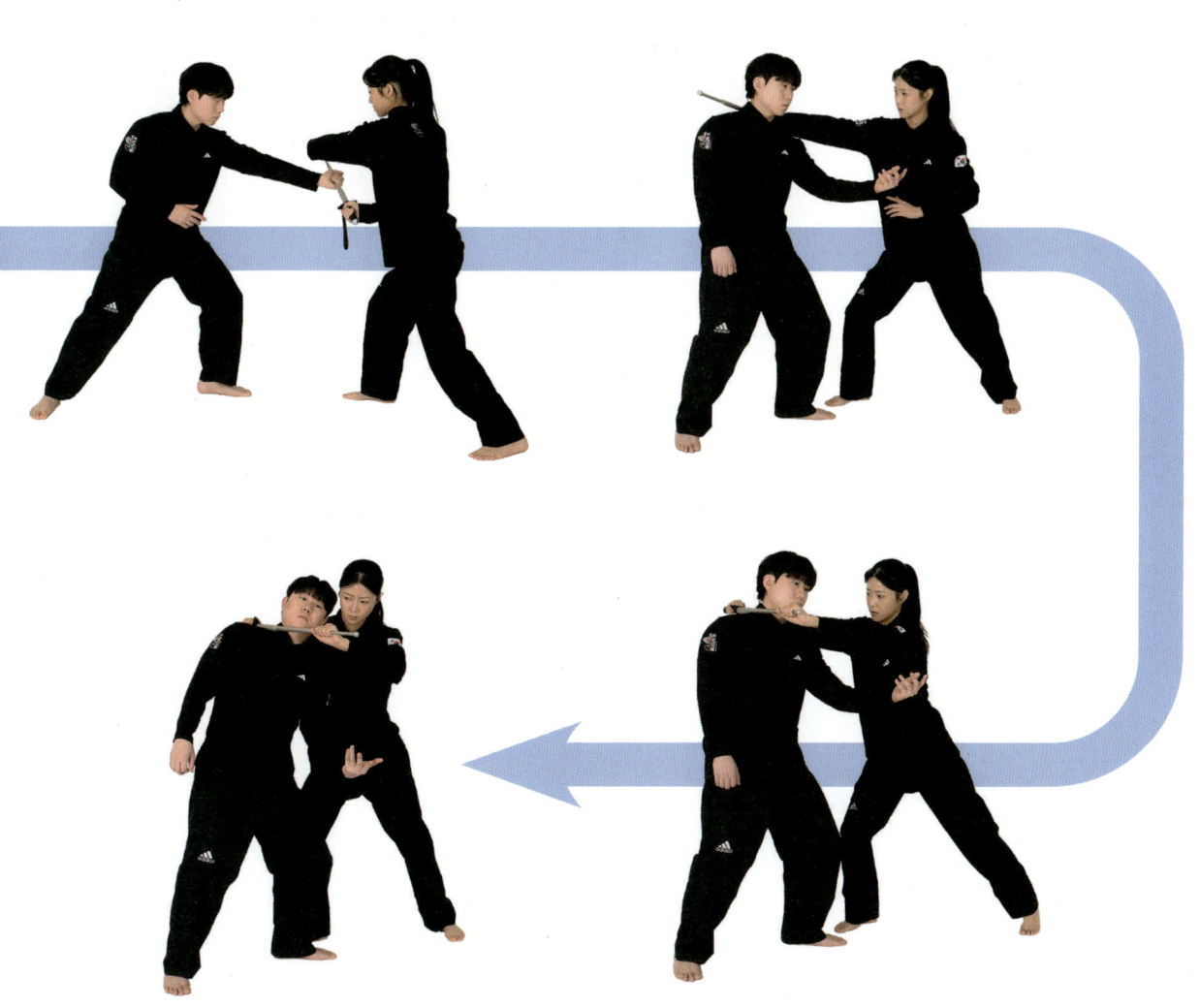

② 잡은 팔의 바깥쪽으로 봉을 위에서 아래로 돌려 풀어낸 다음 팔을 걸어 제압한다.

③ 잡은 팔의 바깥쪽으로 봉을 위에서 아래로 돌려 몸통을 감아 제압한다.

2) 대상자가 삼단봉을 양손으로 잡았을 때

① 삼단봉을 위에서 아래로 돌려 한 손씩 풀어낸 후 목을 감아 제압한다.

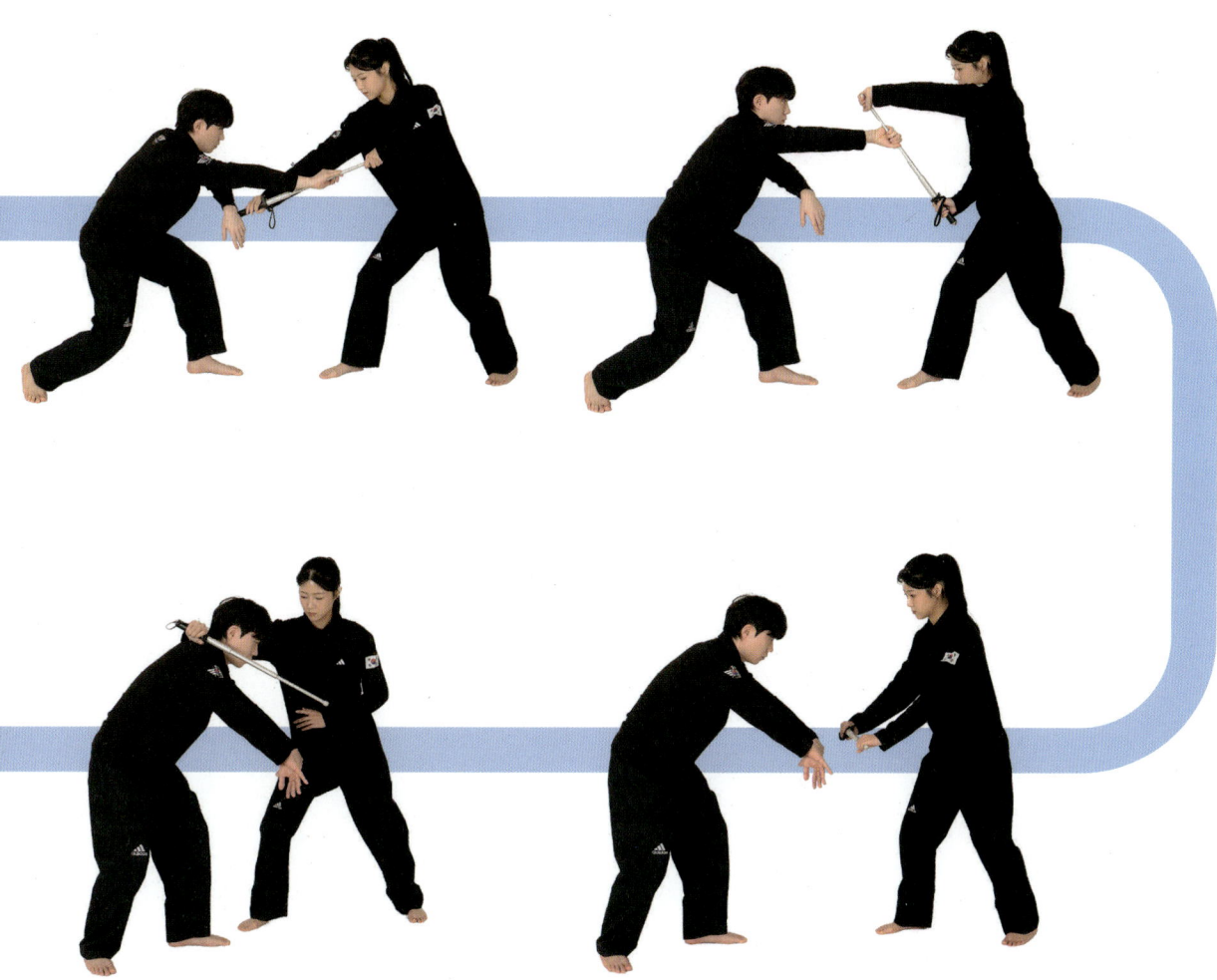

② 삼단봉을 위에서 아래로 돌려 한 손씩 풀어낸 후 팔을 걸어 제압한다.

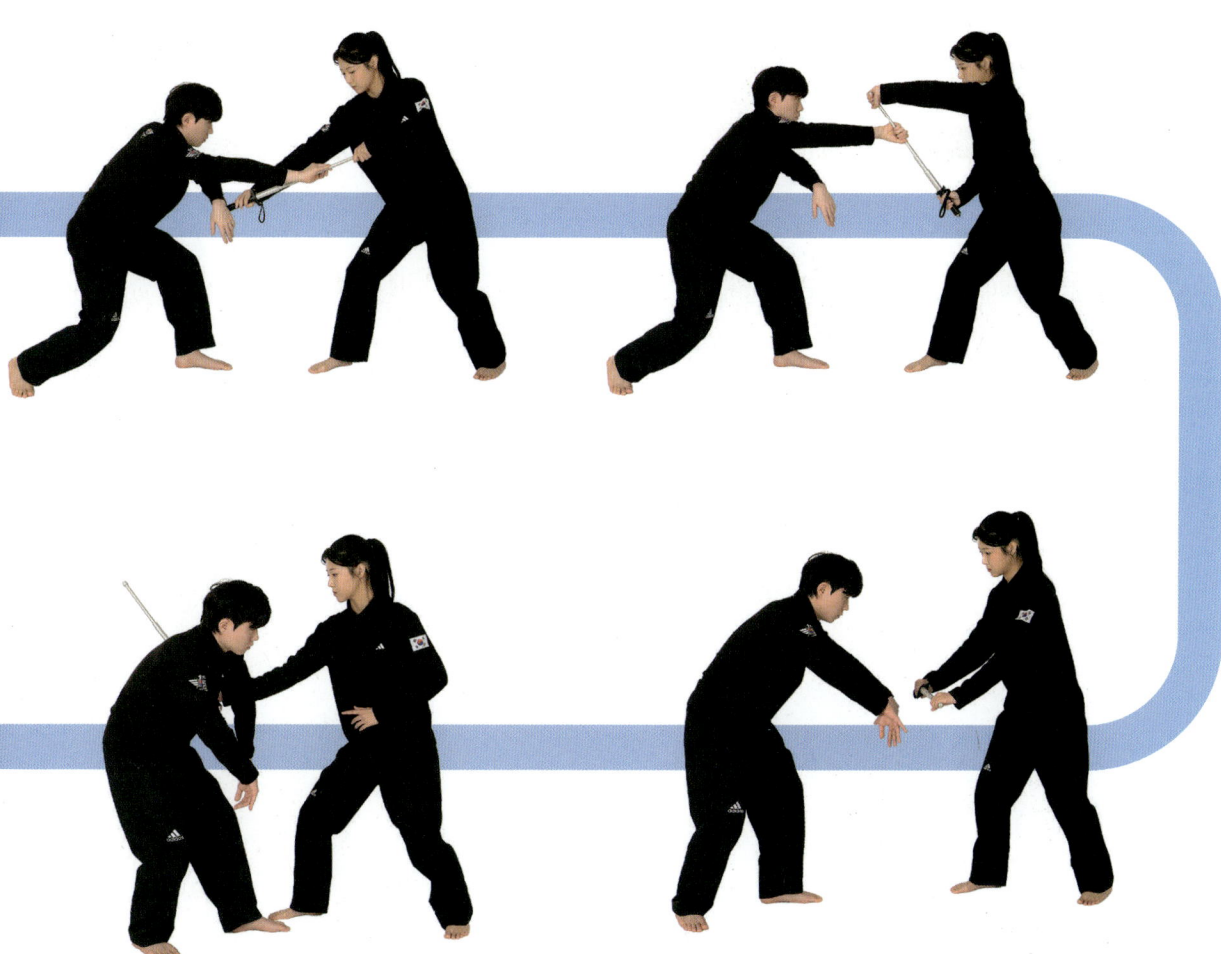

③ 삼단봉을 위에서 아래로 돌려 한 손씩 풀어낸 후 몸통을 감아 제압한다.

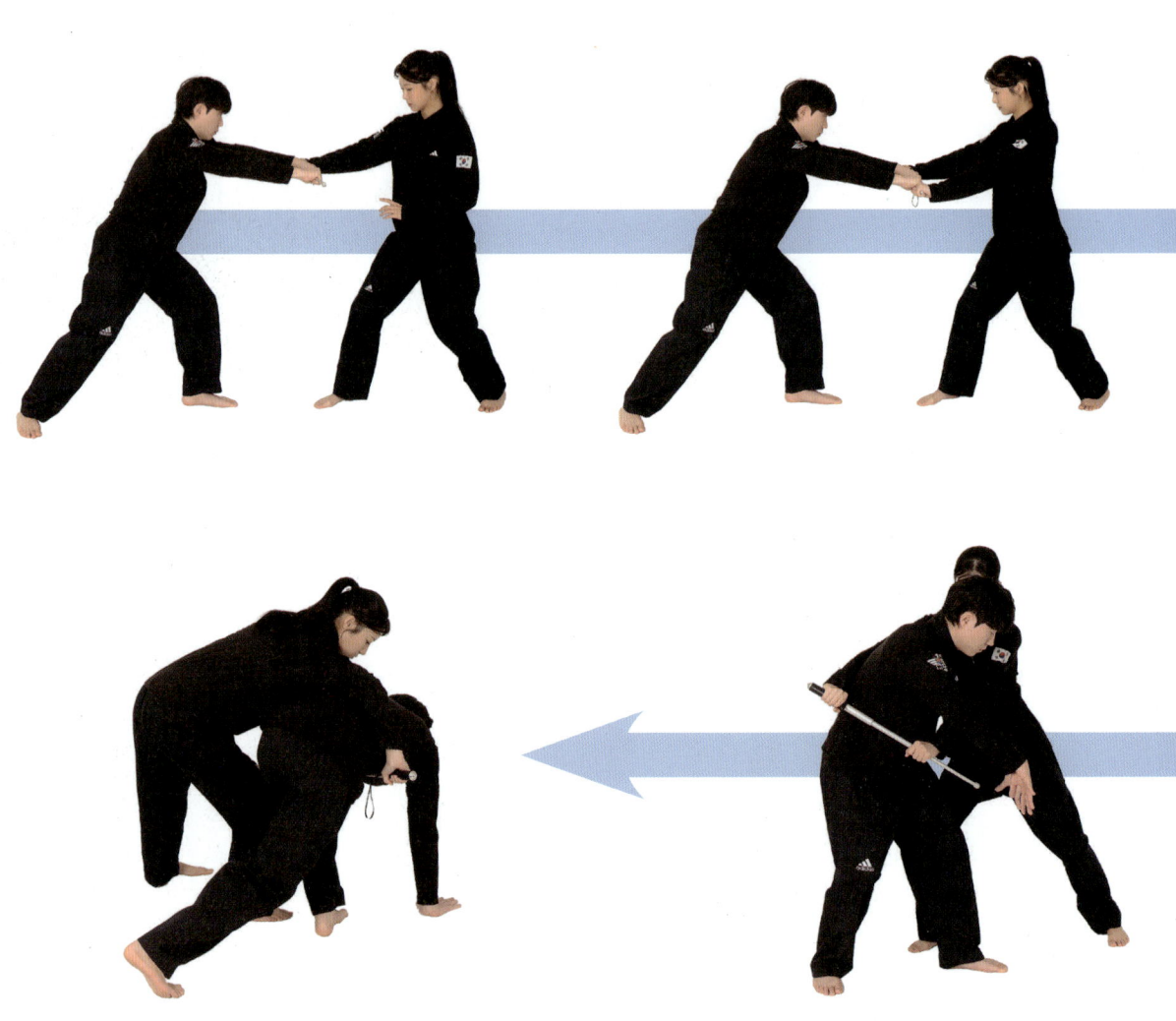

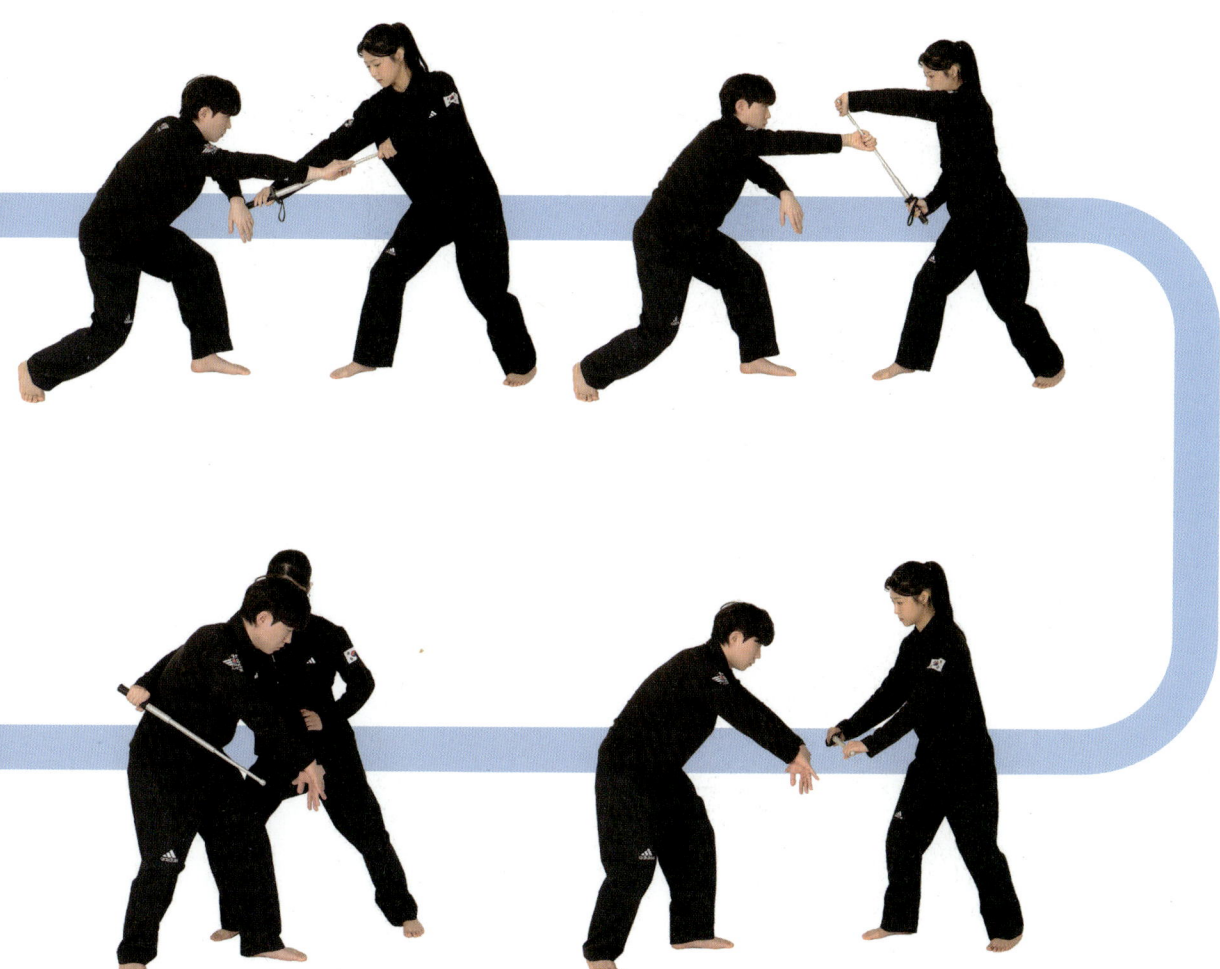

3) 대상자가 삼단봉과 멱살을 동시에 잡았을 때

① 잡힌 손을 먼저 풀고 멱살을 풀어낸 후 목을 감아 제압한다.

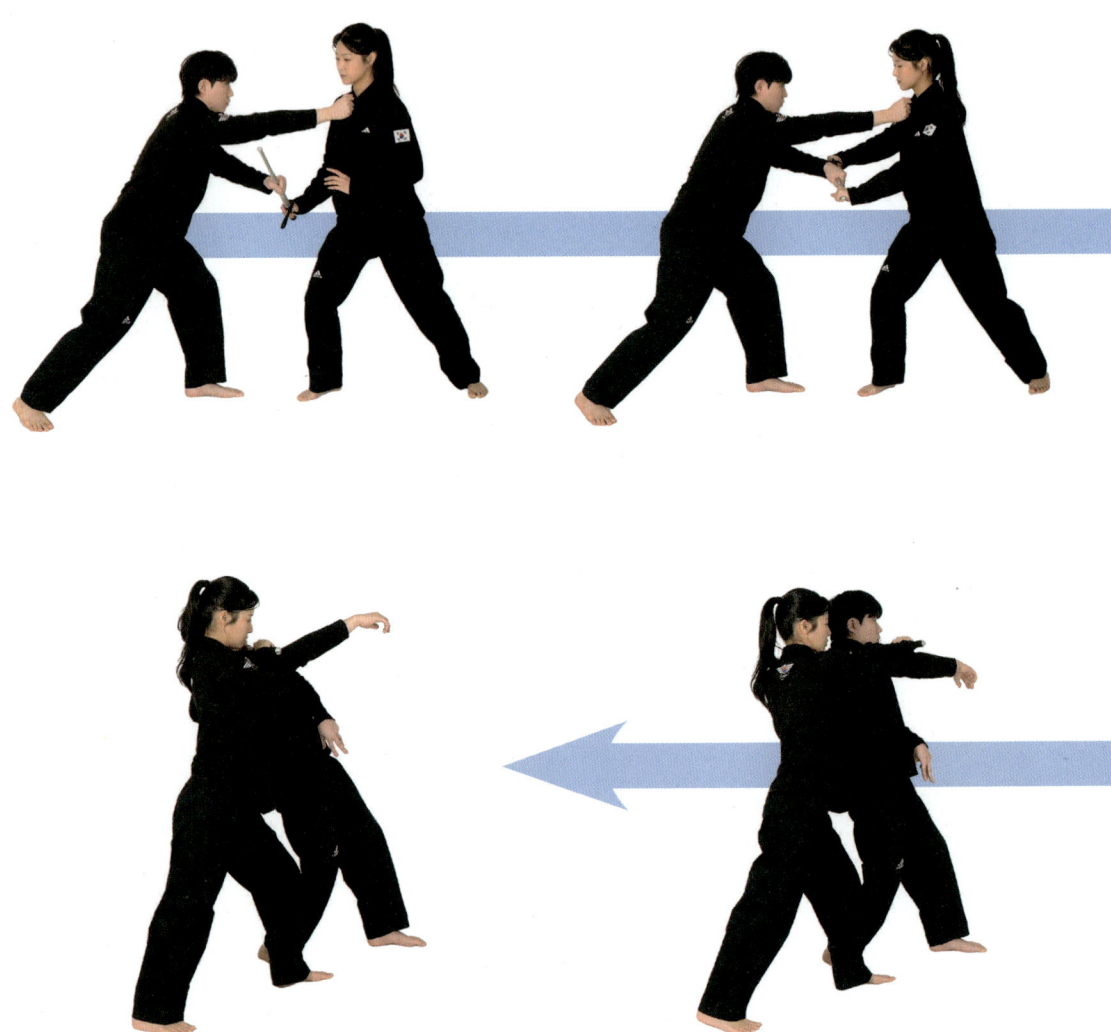

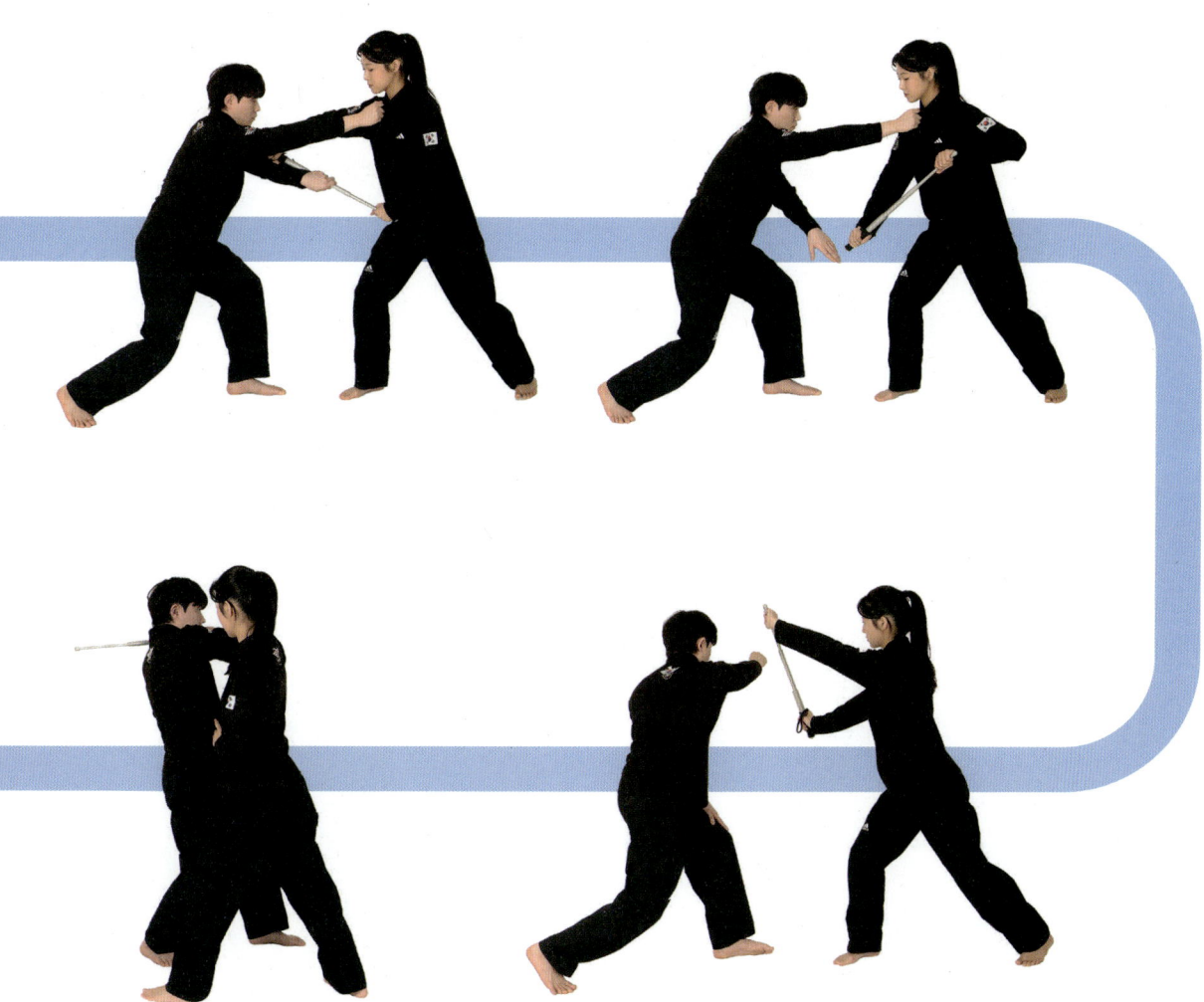

② 잡힌 손을 먼저 풀고 멱살을 풀어낸 후 팔을 걸어 제압한다.

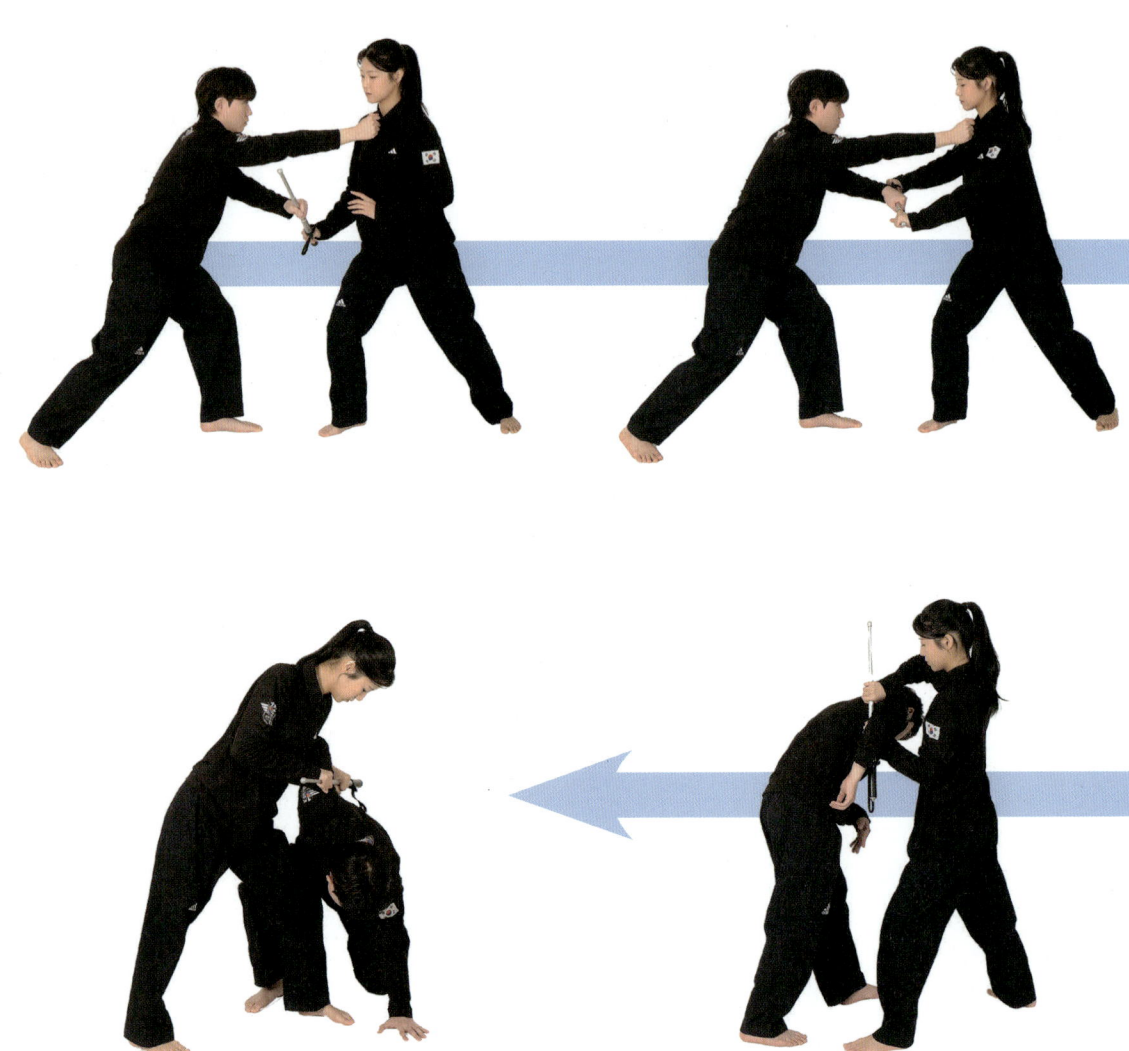

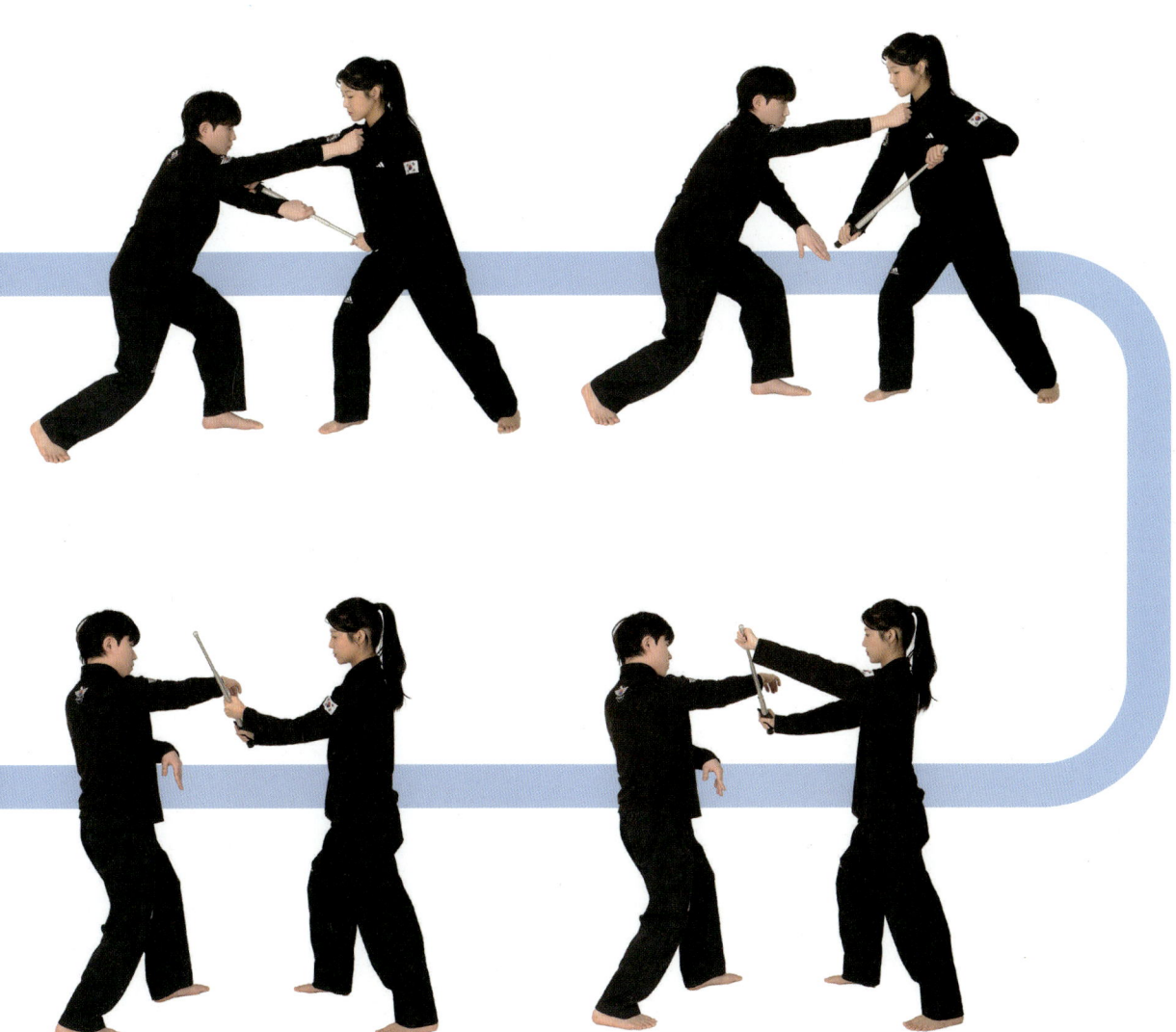

③ 잡힌 손을 먼저 풀고 멱살을 풀어낸 후 몸통을 감아 제압한다.

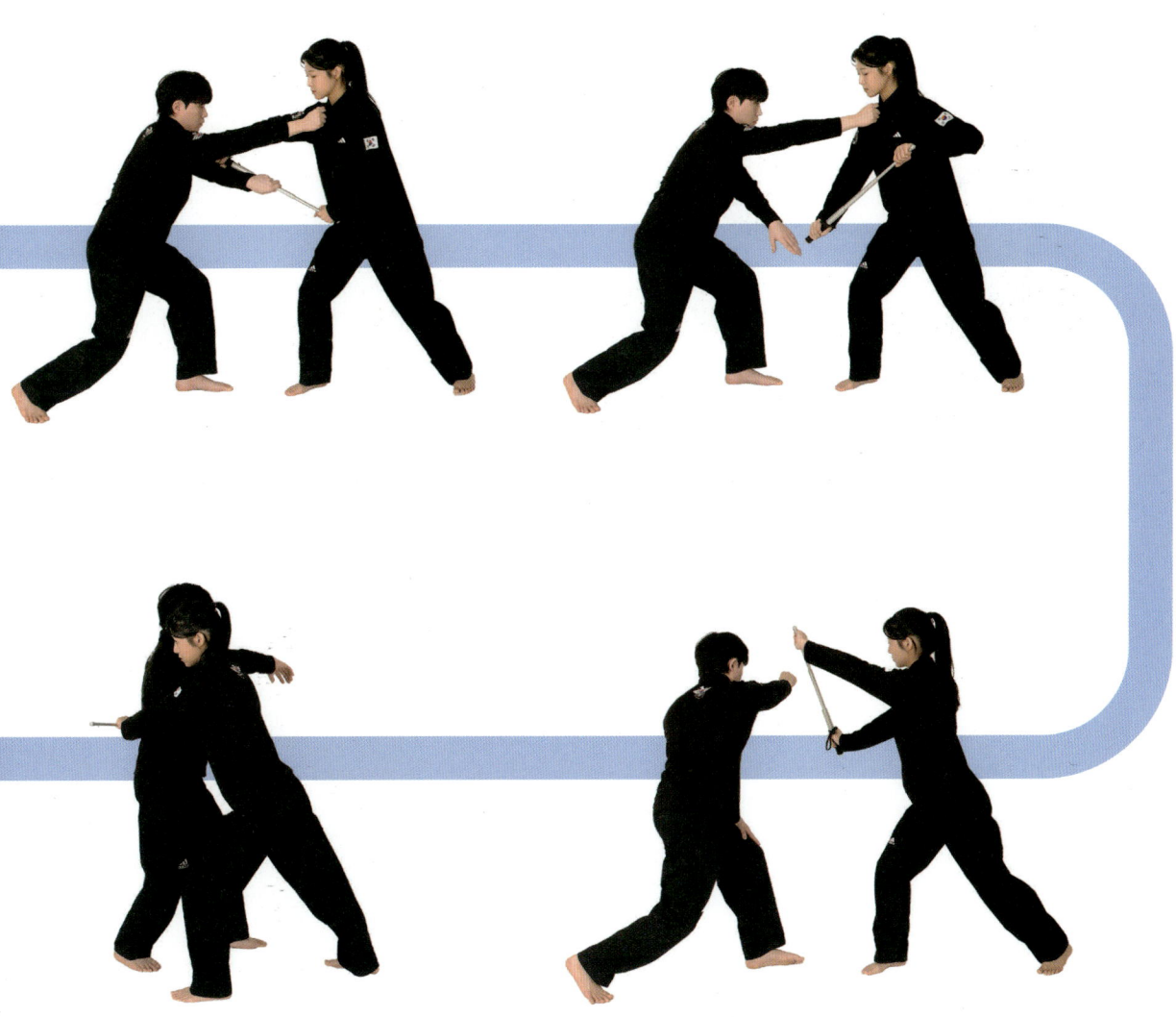

4) 대상자가 삼단봉을 잡고 주먹으로 공격할 때

① 잡힌 상태에서 봉을 세워 올려 막고 손목을 눌러 풀어낸 다음 목을 감아 제압한다.

② 잡힌 상태에서 봉을 세워 올려 막고 손목을 눌러 풀어낸 다음 팔을 걸어 제압한다.

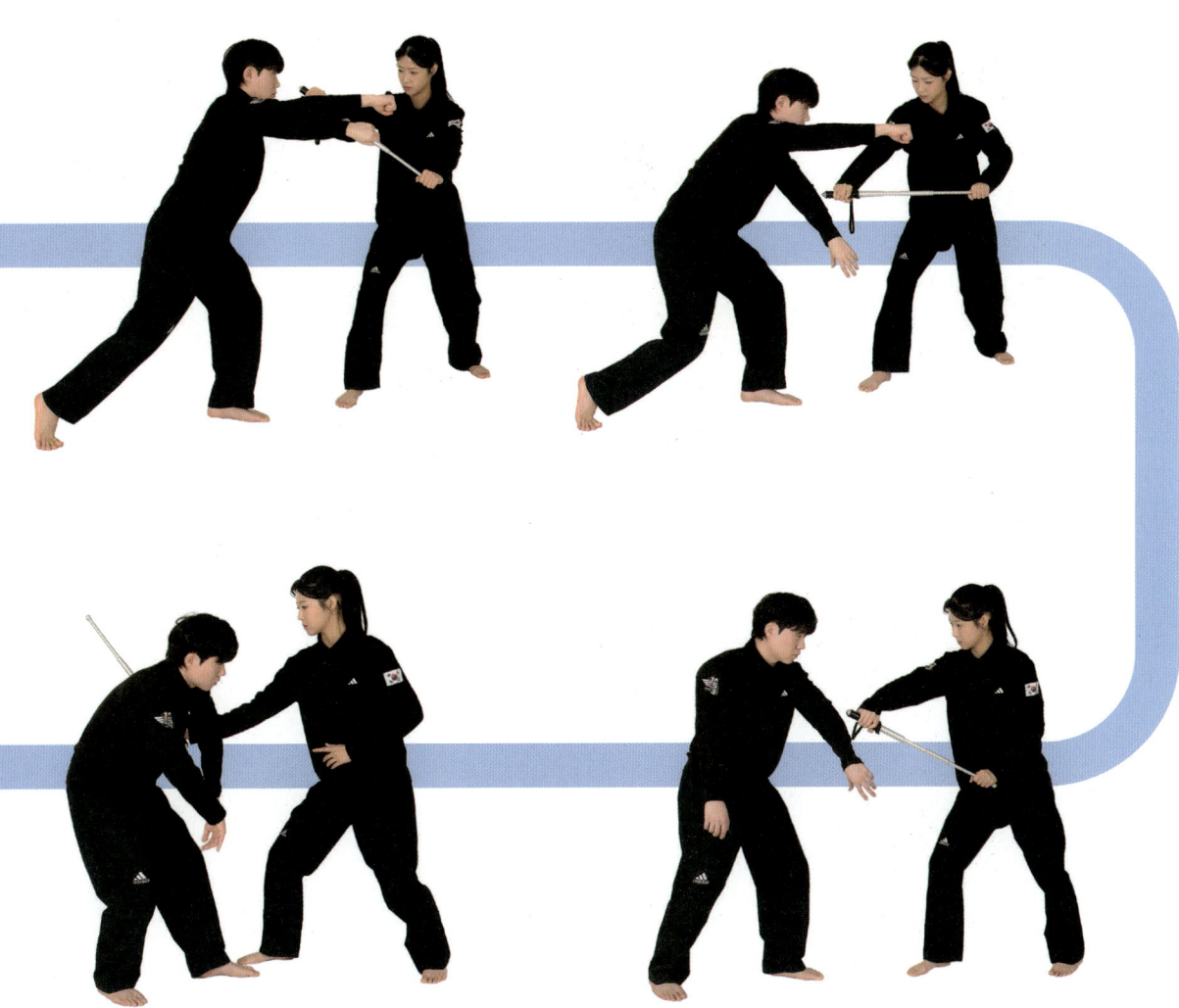

③ 잡힌 상태에서 봉을 세워 올려 막고 손목을 눌러 풀어낸 다음 몸통을 감아 제압한다.

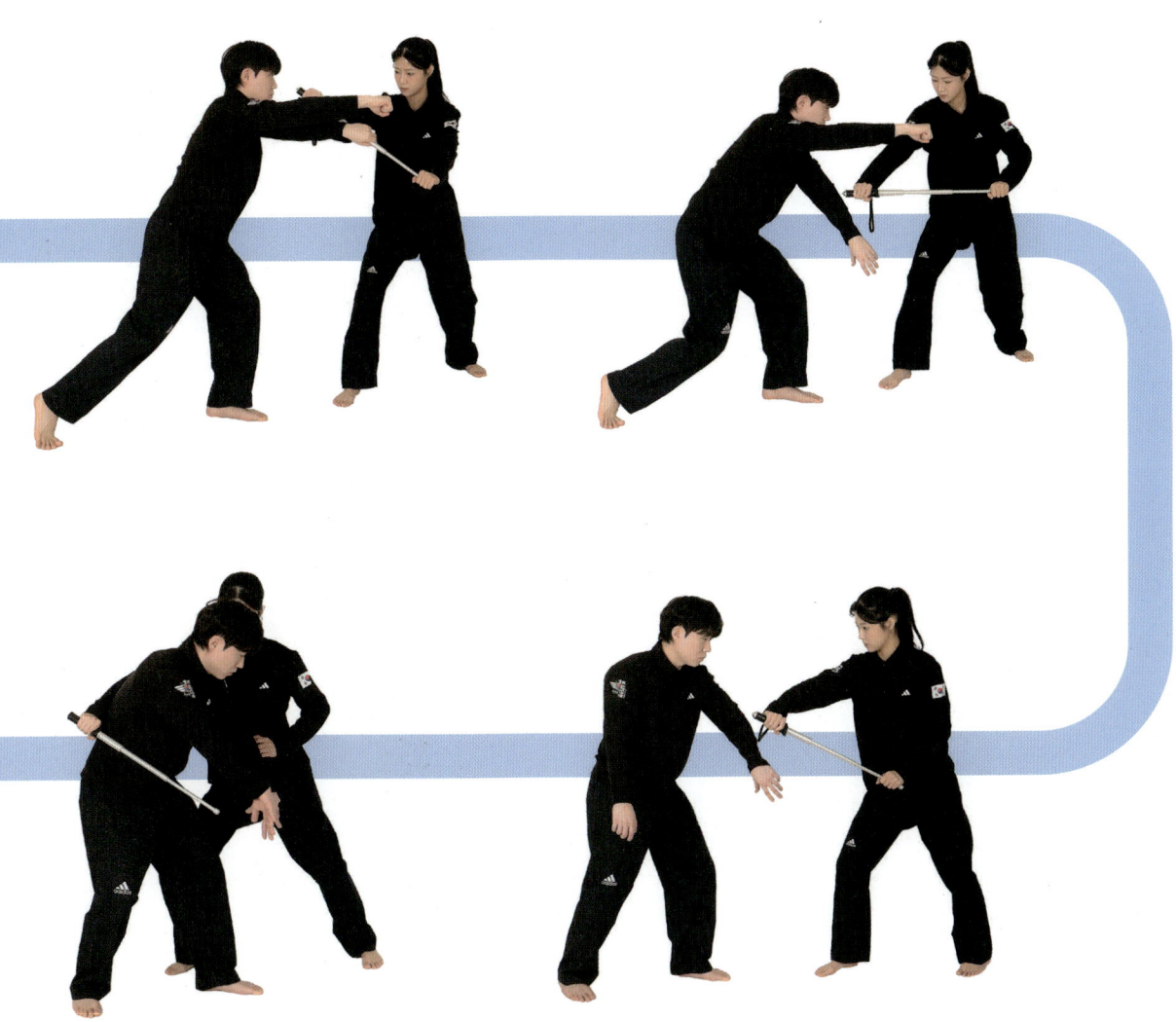

5) 대상자가 삼단봉을 잡고 칼로 복부를 찌를 때

① 봉을 세워 반대로 돌려 손목을 눌러 풀어낸 다음 손목을 치고 목을 감아 제압한다.

② 봉을 세워 반대로 돌려 손목을 눌러 풀어낸 다음 손목을 치고 팔을 걸어 제압한다.

③ 봉을 세워 반대로 돌려 손목을 눌러 풀어낸 다음 손목을 치고 몸통을 감아 제압한다.

2. 대치술

대치 상황에서의 체포술로 치기, 밀기, 꺾기, 던기기 등의 기술을 사용한다. 기술의 습득력을 높이기 위해 단계별로 기술체계를 구축하도록 한다.

가. 한 손 기술

1) 칼로 복부를 찌를 때

① 내려 막고 손목을 친다.

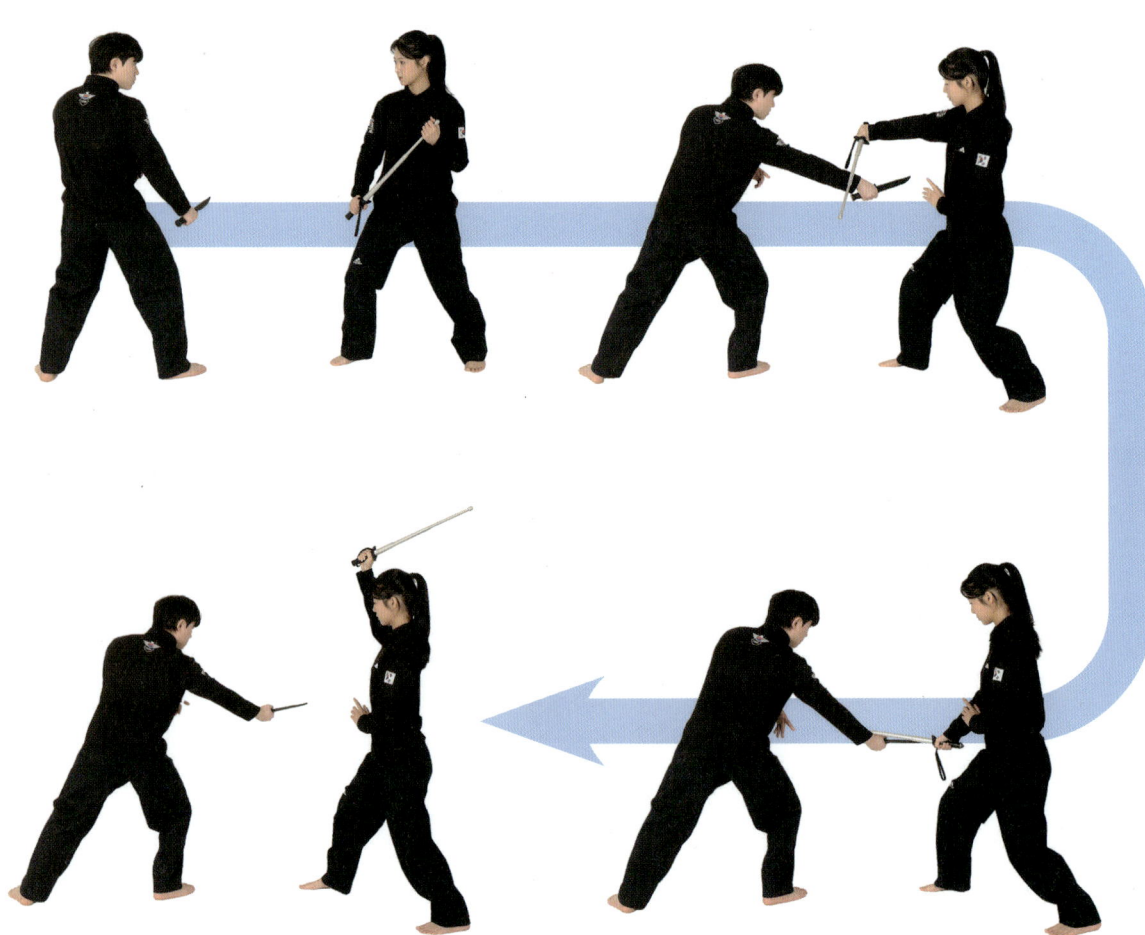

② 내려 막고 손목을 치고 어깨를 밀어낸다.

③ 내려 막고 손목을 치고 상대방의 목을 감아 제압한다.

④ 내려 막고 손목을 치고 상대방의 팔을 꺾어 제압한다.

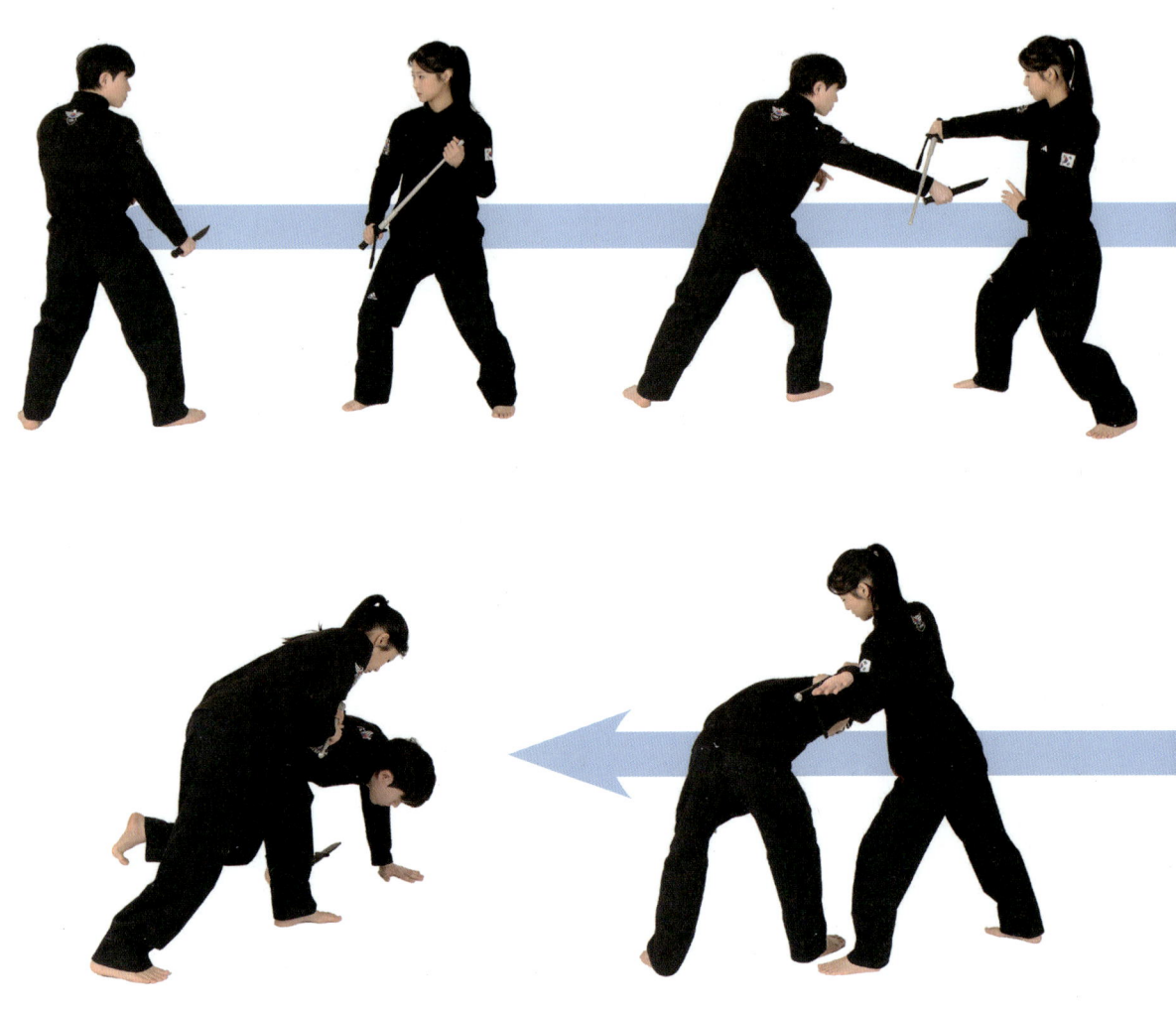

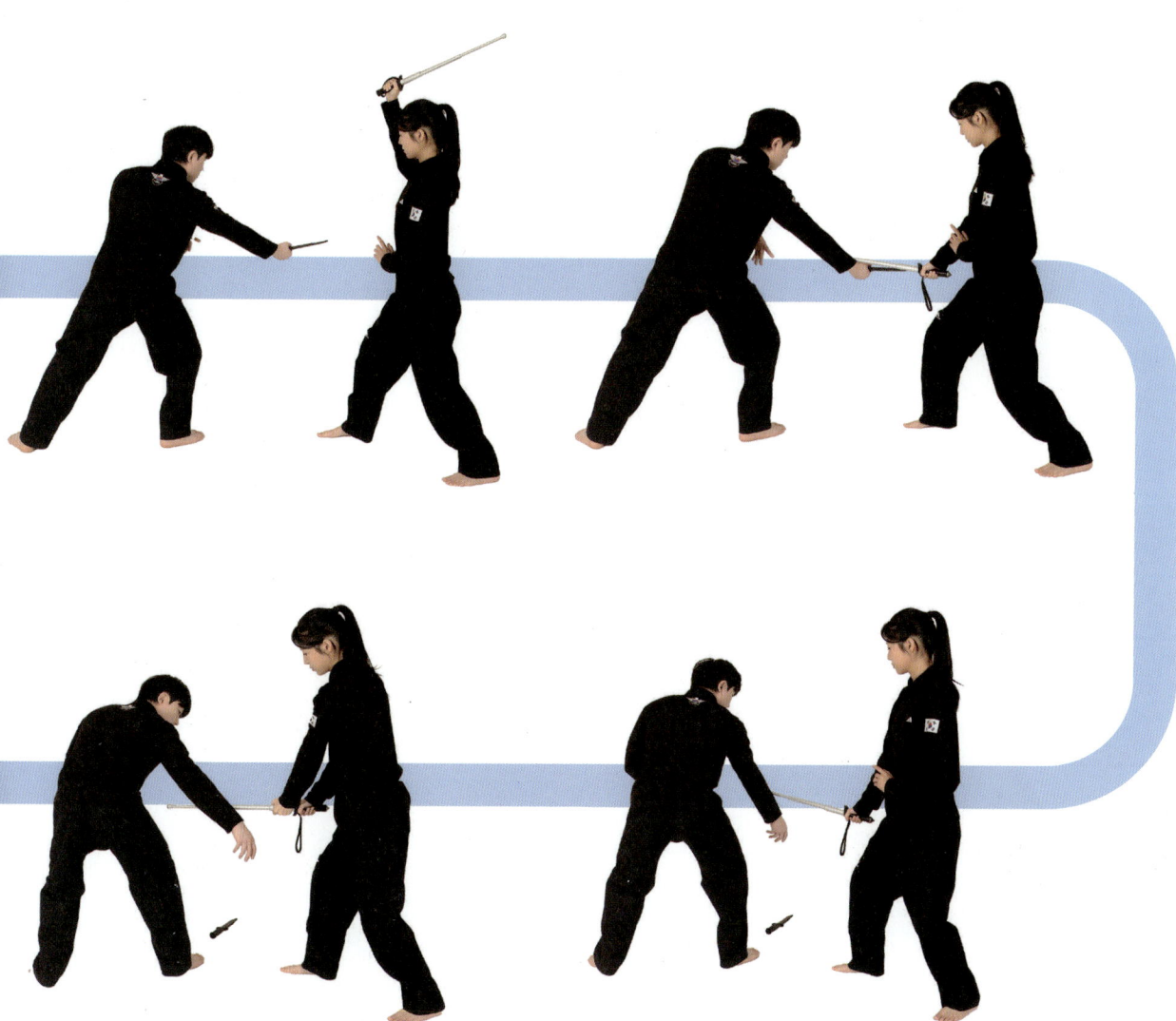

⑤ 내려 막고 손목을 치고 상대방의 몸통을 감아 제압한다.

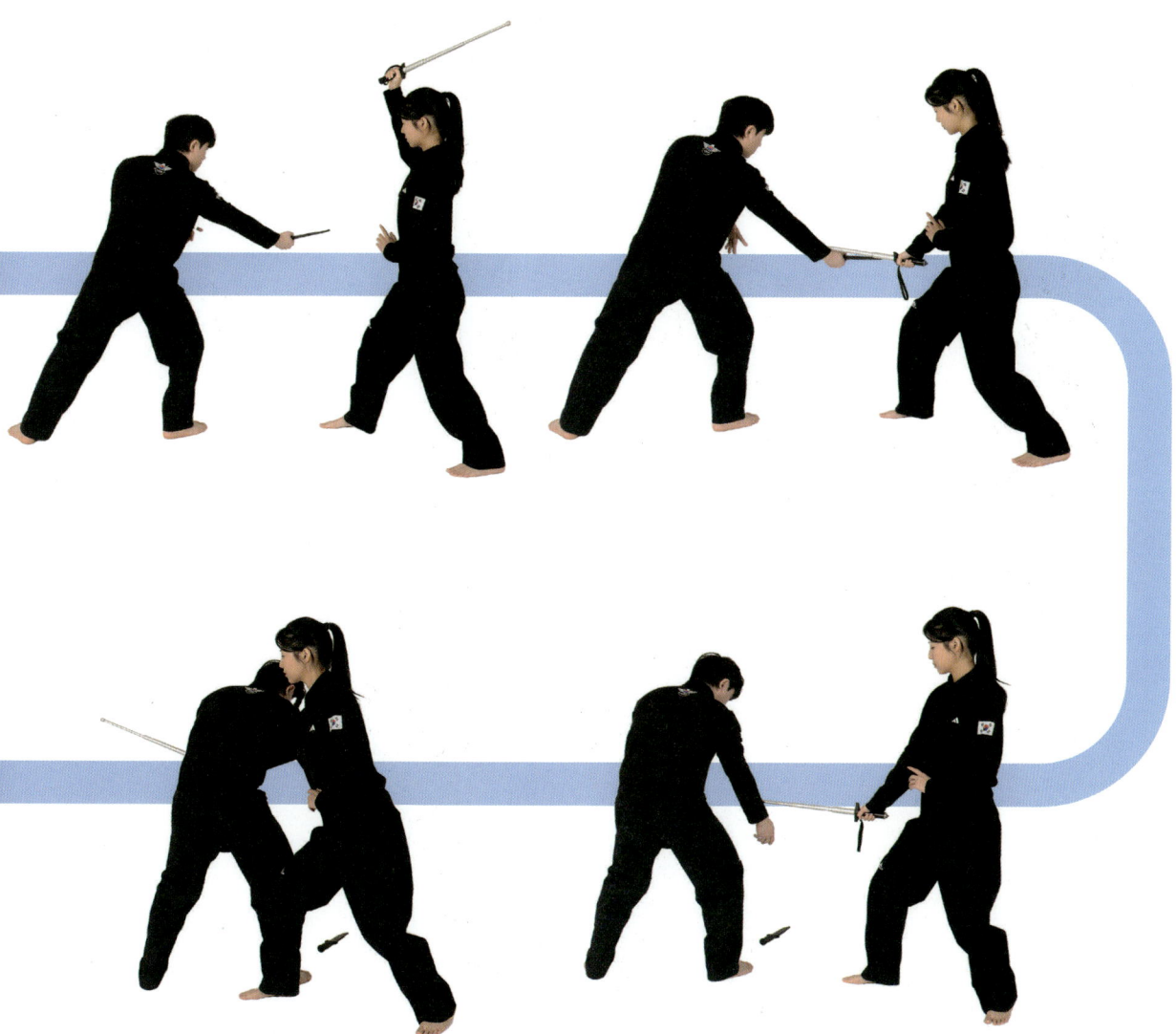

2) 칼로 안 사선 내려칠 때

① 올려 막고 손목을 친다.

② 올려 막고 손목을 쳐 칼을 놓치게 한 후 어깨를 밀어낸다.

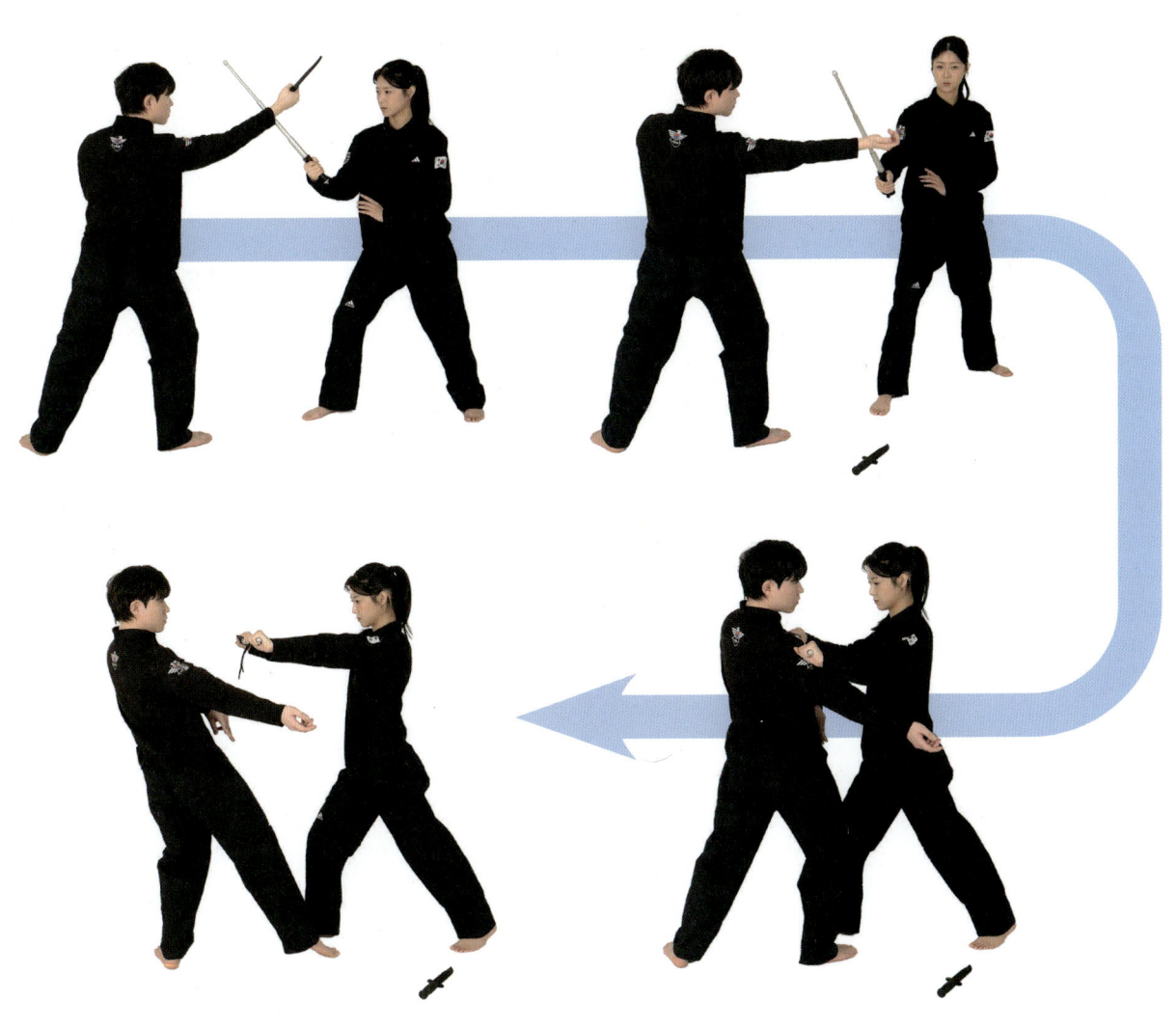

③ 올려 막고 손목을 쳐 칼을 놓치게 한 후 상대방의 목을 감아 제압한다.

④ 올려 막고 손목을 쳐 칼을 놓치게 한 후 상대방의 팔을 꺾어 제압한다.

⑤ 올려 막고 손목을 쳐 칼을 놓치게 한 후 상대방의 목통을 감아 제압한다.

3) 칼로 바깥 사선 내려칠 때

① 올려 막고 손목을 친다.

② 올려 막고 손목을 치고 어깨를 밀어낸다.

③ 올려 막고 손목을 치고 상대방의 목을 감아 제압한다.

④ 올려 막고 손목을 치고 상대방의 팔을 꺾어 제압한다.

⑤ 올려 막고 손목을 치고 상대방의 몸통을 감아 제압한다.

나. 양손 기술

1) 칼로 복부를 찌를 때

① 내려 막으며 대상자의 팔이 자신 몸에 밀착되도록 밀어 눌러 통제한다.

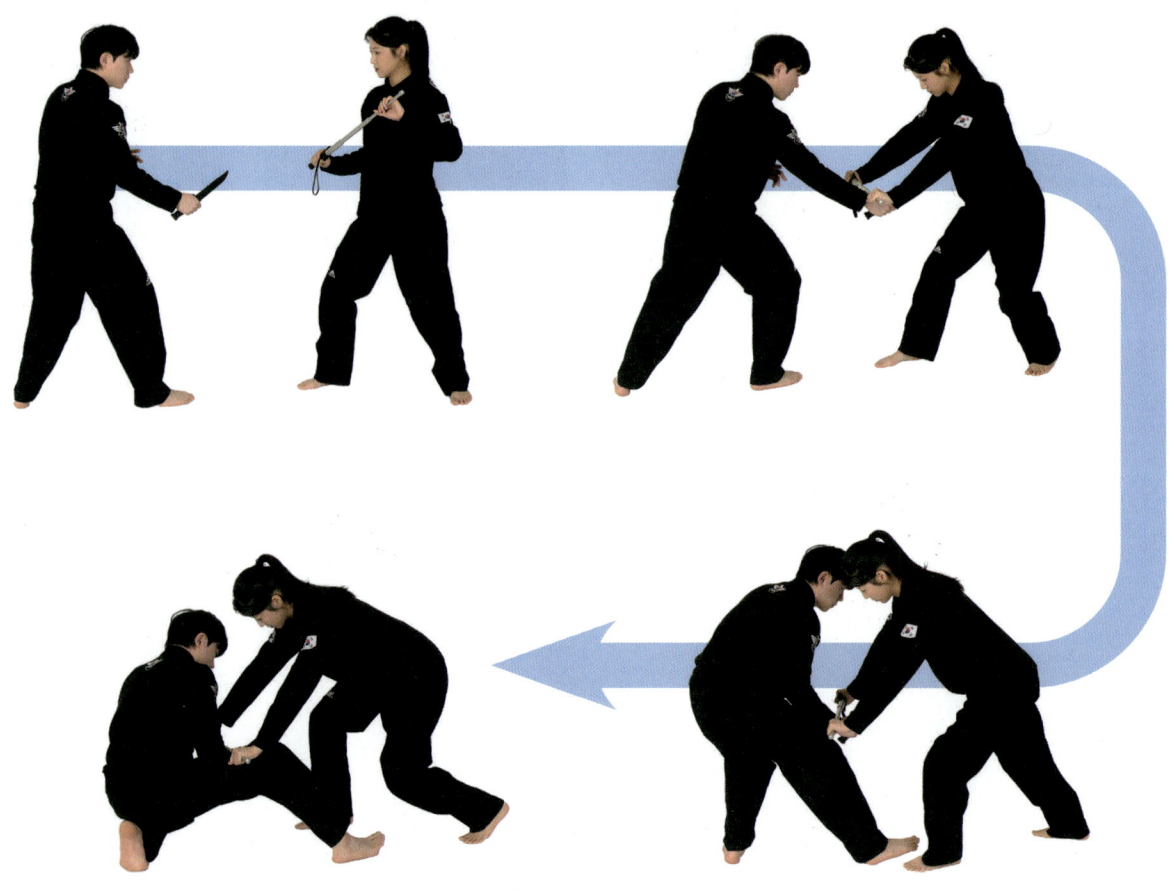

② 내려 막으며 삼단봉 손잡이를 상대의 팔 사이에 넣고 돌려 잡아 꺾어 제압한다.

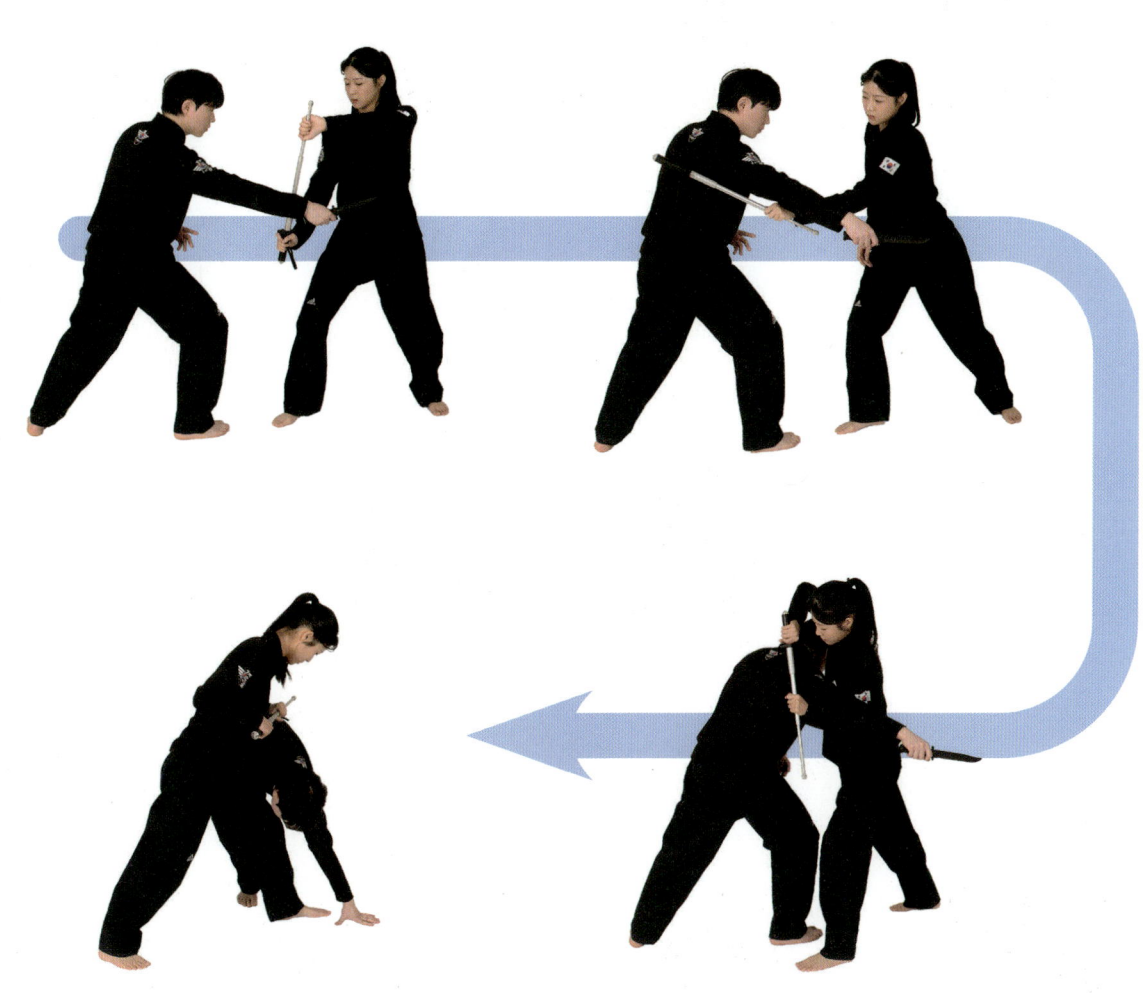

③ 내려 막고 한 손으로 상대방의 손목을 잡고 반대 팔로 팔오금을 눌러 제압한다.

④ 내려 막고 한 손으로 상대방의 손목을 잡고 반대 손으로 상대방의 팔을 감아 얽어 제압한다.

⑤ 내려 막고 양손으로 상대방의 손목을 잡고 중팔을 꺾어 제압한다.

2) 칼로 안 사선 내려칠 때

사선 올려 막고 양손으로 상대의 손목을 잡고 뒤쪽으로 꺾어 제압한다.

3) 칼로 바깥 사선 내려칠 때

올려 막고 양손으로 상대의 손목을 잡고 뒤쪽으로 꺾어 제압한다.

6
Chapter

K삼단봉 글무

1. 글무의 개요

가. 글무의 정의

글무란 한글을 무예로 구현한 모든 동작과 자세를 말한다.

나. 글무의 종류

자음 글무 : 자음을 무예 동작으로 구현한 자세
모음 글무 : 모음을 무예 동작으로 구현한 자세
글자 글무 : 글자를 무예 동작으로 구현한 자세로 2차원 한 면과 3차원 공간에서 수행한다.

2. 자음 글무

가. 한글 자음 제자원리

1) 상형의 원리

발음기관을 본떠 기본자(ㄱ, ㄴ, ㅁ, ㅅ, ㅇ)를 만들었다.

·기본자 'ㄱ'은 혀뿌리가 목구멍을 막는 모양을 본뜸.
·기본자 'ㄴ'은 혀끝이 윗잇몸에 닿는 모양
·기본자 'ㅁ'은 입의 모양을 본뜸.
·기본자 'ㅅ'은 이의 모양을 본뜸.
·기본자 'ㅇ'은 목에서 나는 소리로 목구멍의 모양

2) 가획의 원리

	기본자	가획자		이체자
어금닛소리(아음) 혀뿌리가 목구멍을 막는 모양	ㄱ	ㅋ		
혓소리(설음) 혀끝이 윗잇몸에 닿는 모양	ㄴ	ㄷ	ㅌ	ㄹ
입술소리(순음) 입의 모양	ㅁ	ㅂ	ㅍ	
잇소리(치음) 이의 모양	ㅅ	ㅈ	ㅊ	
목소리(후음) 목구멍의 모양	ㅇ	ㅎ		

기본자 "ㄱ, ㄴ, ㅁ, ㅅ, ㅇ" 외 "ㅋ, ㄷ, ㅌ, ㅂ, ㅍ, ㅈ, ㅊ, ㅎ"은 기본자에 획을 더해 만들어진 글자다.

3) 이체자의 원리
상형이나 기획의 원리에 의하지 않고 별도로 다르게 만들어진 글자다.

4) 병서(각자병서/합용병서)
둘 이상의 자음이나 모음을 아울러 사용한다.

- 각자병서: 같은 자음일 경우(5가지) ㄲ, ㄸ, ㅃ, ㅆ, ㅉ
- 합용병서: 다른 자음일 경우(11가지)

  ㄱㅅ, ㄴㅈ, ㄹㅂ, ㄹㅅ, ㄹㅌ, ㅂㅅ, ㄴㅎ, ㄹㅎ, ㄹㄱ, ㄹㅁ, ㄹㅍ

5) 자음(종성)의 제자원리

종성부용초성(終聲復用初聲): 종성의 글자를 별도로 만들지 않고 초성을 종성에 사용한다.

나. 자음 글무

자음의 형태를 무예 동작과 자세로 구현한 것. 자음의 모양을 살펴보면 수평선, 사선, 수직선, 곡선의 조합으로 이루어져 있어 무예로 구현할 수 있는 최적의 글자임을 알 수 있다. 예를 들어 【ㄱ】은 '올려 막고 내려치기'로 구현할 수 있고 【ㄴ】은 '내려치고 수평치기'로 구현할 수 있다. 【ㅇ】은 곡선으로 둥글게 후려치는 기술로 구현 가능하다.

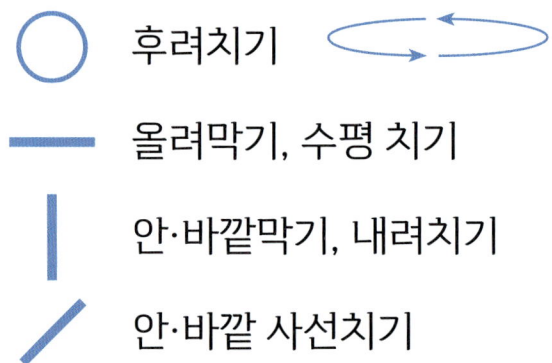

1) ㄱ 글무

올려막고 내려치기

① 대상자와 이동세로 대치한다.

② 뒤로 물러나며 안 올려 막는다.

③ 상대방을 내리친다.

1)-1. ㄱ의 운용

① 받침이 없을 때 (초성 + 중성) : 가, 기, 거, 겨, 갸 등의 초성 ㄱ은 사선으로 친다.

② 받침이 있을 때 (초성 + 중성 + 종성) : 강, 경, 공, 금, 길, 각, 국, 걱, 격, 곡, 극 등의 초성 ㄱ은 수직으로 친다.

③ 받침일 때(초성 + 중성 + 종성) : 학, 억, 혁, 육, 석, 복 등의 받침(종성) ㄱ은 사선으로 친다.

2) ㄴ 글무

내려치고 바깥 수평치기

① 대상자와 이동세로 대치한다.

② 앞발 나가며 수직 내려친다.

③ 앞발 사선으로 나가며 바깥 수평 친다.

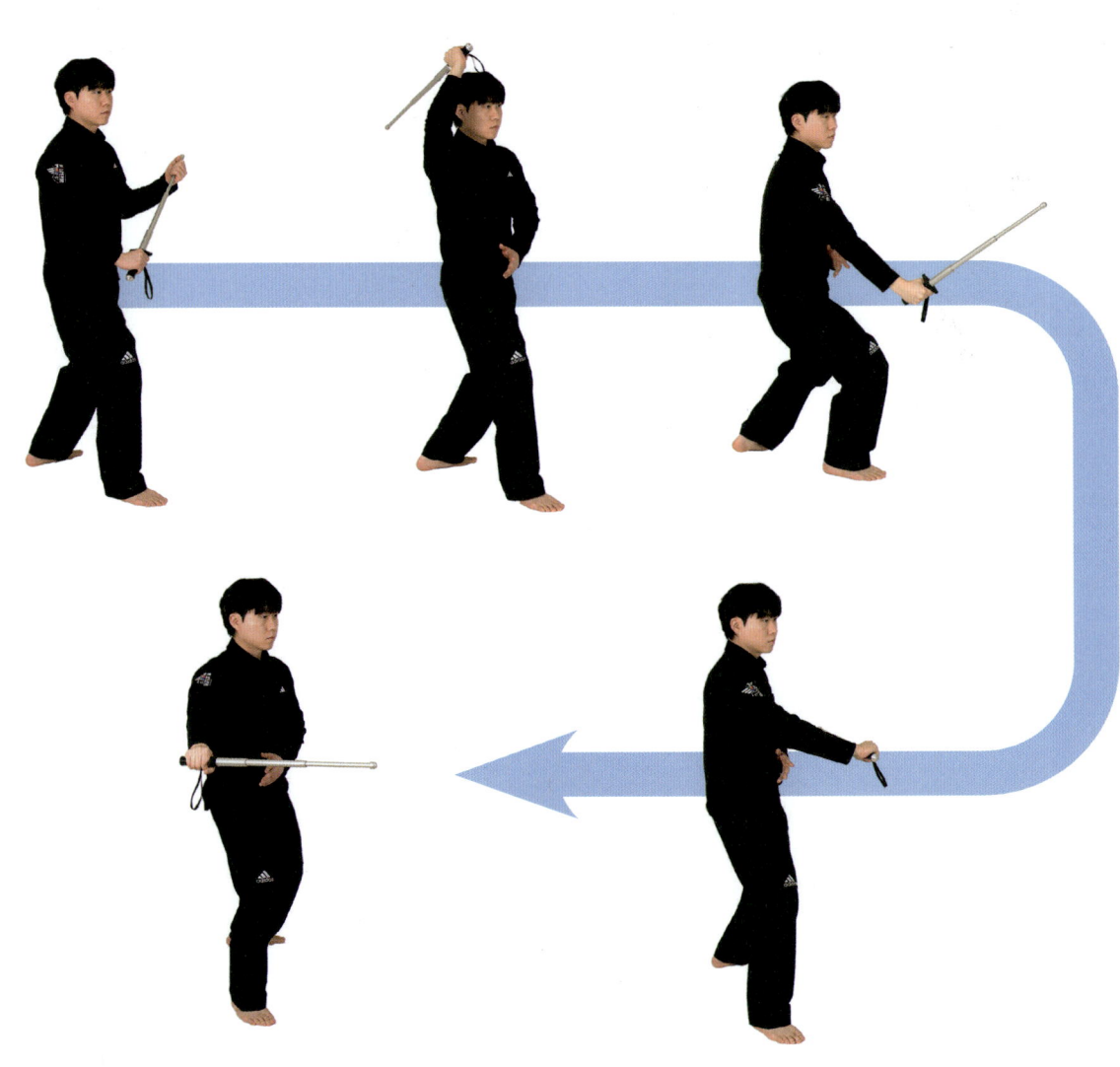

3) ㄷ 글무

올려막고 내려치고 수평치기

① 대상자와 이동세로 대치한다.
② 뒤로 물러나며 봉 끝이 바깥을 향하게 올려 막는다.
③ 앞발 사선으로 나가며 수직 내려친다.
④ 앞발 사선으로 나가며 바깥 수평 친다.

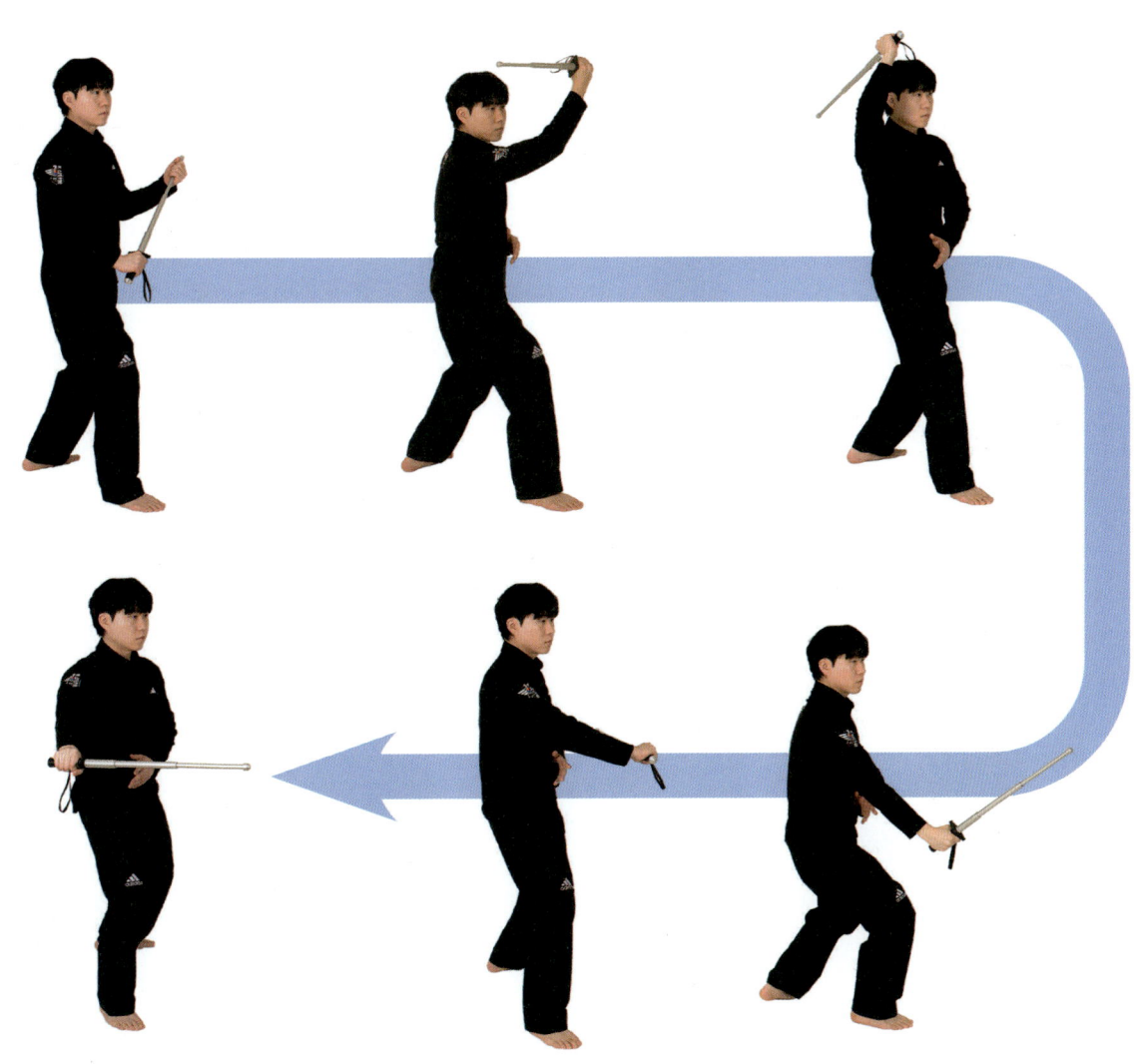

4) ㄹ 글무

올려막고 내려치고 올려막고 내려치고 수평치기

① 모아서기에서 뒤로 물러서며 양손 이동세 한다.

② 뒤로 물러나며 올려 막는다.

③ 앞발 나가며 수직 내려친다.

④ 뒤로 물러나며 봉 끝이 우측을 향하게 바깥 올려 막는다.

⑤ 앞발 나가며 수직 내려친다.

⑥ 앞발 사선으로 나가며 바깥 수평 친다.

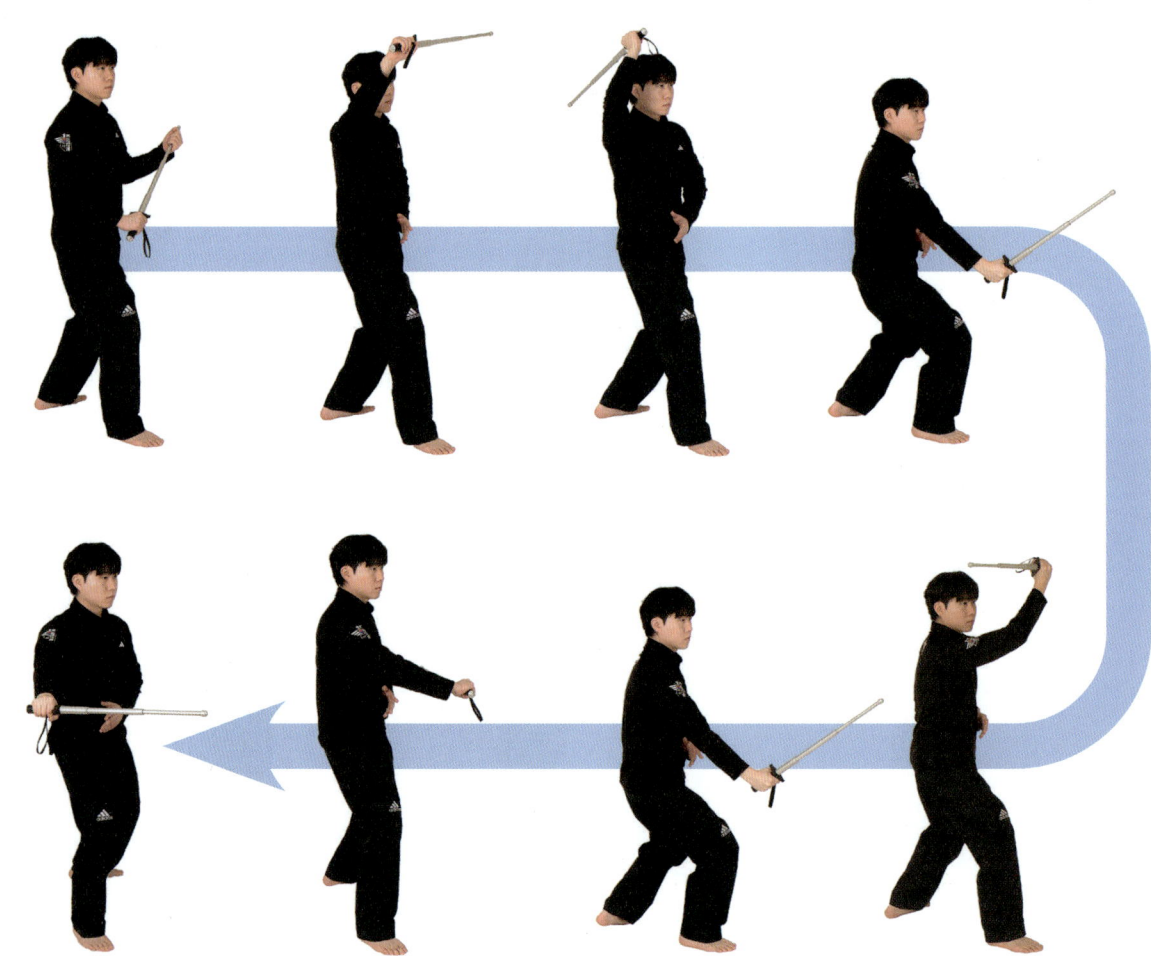

5) ▫ 글무

내려치고 올려 막고 사선치고 수평 치기

① 대상자와 이동세로 대치한다.
② 앞발 나가며 수직 내려친다.
③ 뒤로 물러서며 안 올려 막는다.
④ 앞발 나가며 안 사선 친다.
⑤ 앞발 사선으로 나가며 바깥 수평 친다.

6) ㅂ 글무

좌우 막고 수평 치고 수평치기

① 대상자와 이동세로 대치한다.
② 뒤로 물러나며 내외 막는다.
③ 앞발 나가며 바깥 수평 친다.
④ 앞발 사선으로 나가며 바깥 수평 친다.

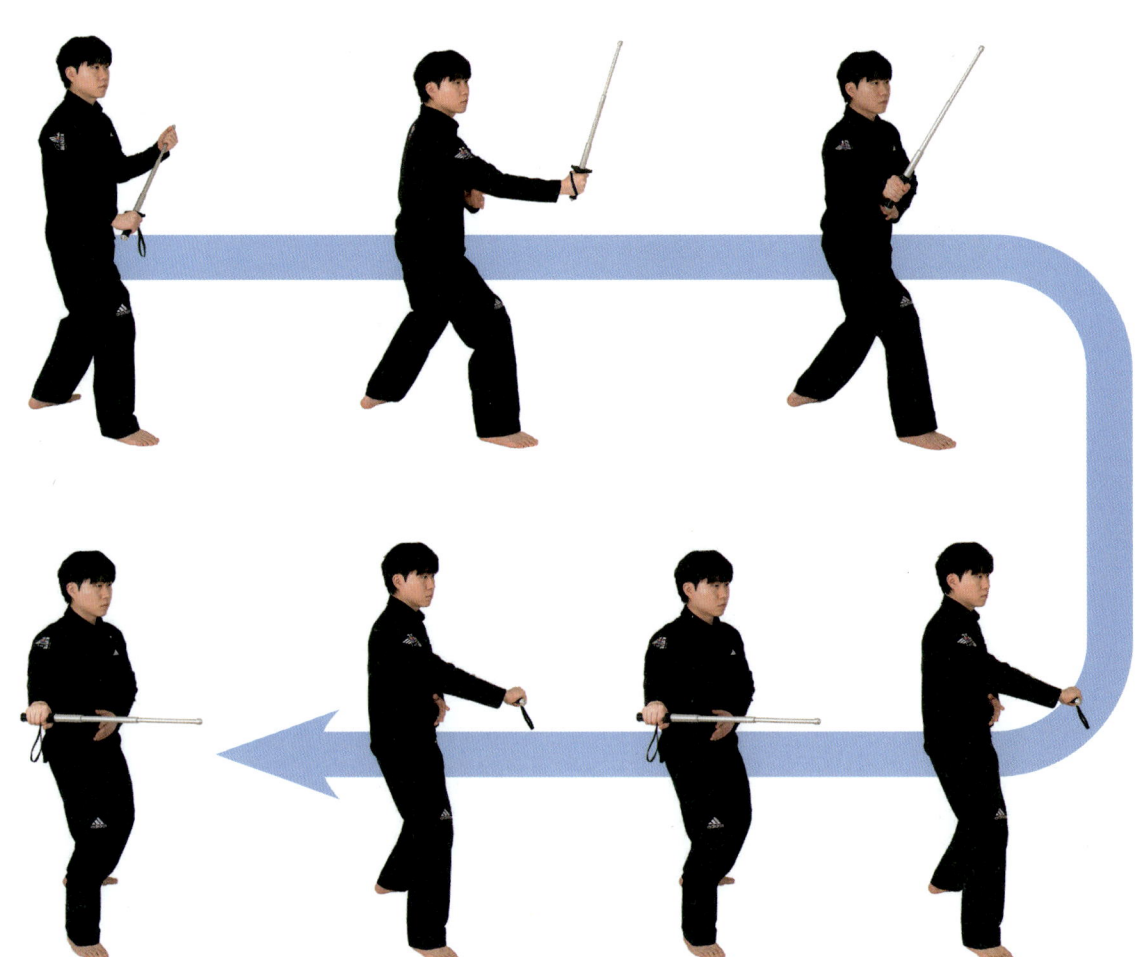

7) ㅅ 글무

안 사선 치고 바깥 사선치기

① 대상자와 이동세로 대치한다.
② 앞발 나가며 안 사선 친다.
③ 앞발 나가며 바깥 사선 친다.

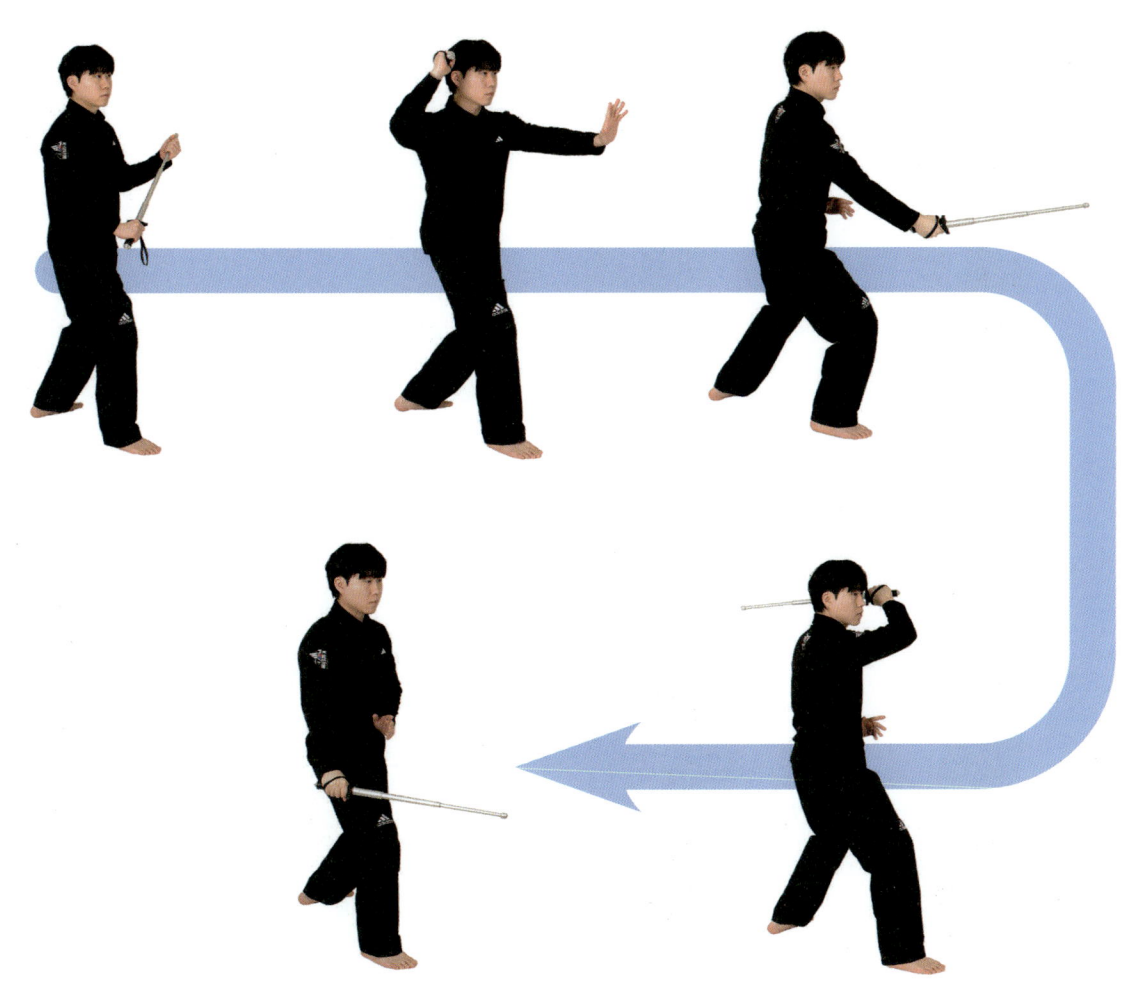

8) ㅇ 글무

안 후려치기

① 대상자와 이동세로 대치한다.
② 바깥으로 걷어내고 안 수평 후려친다.

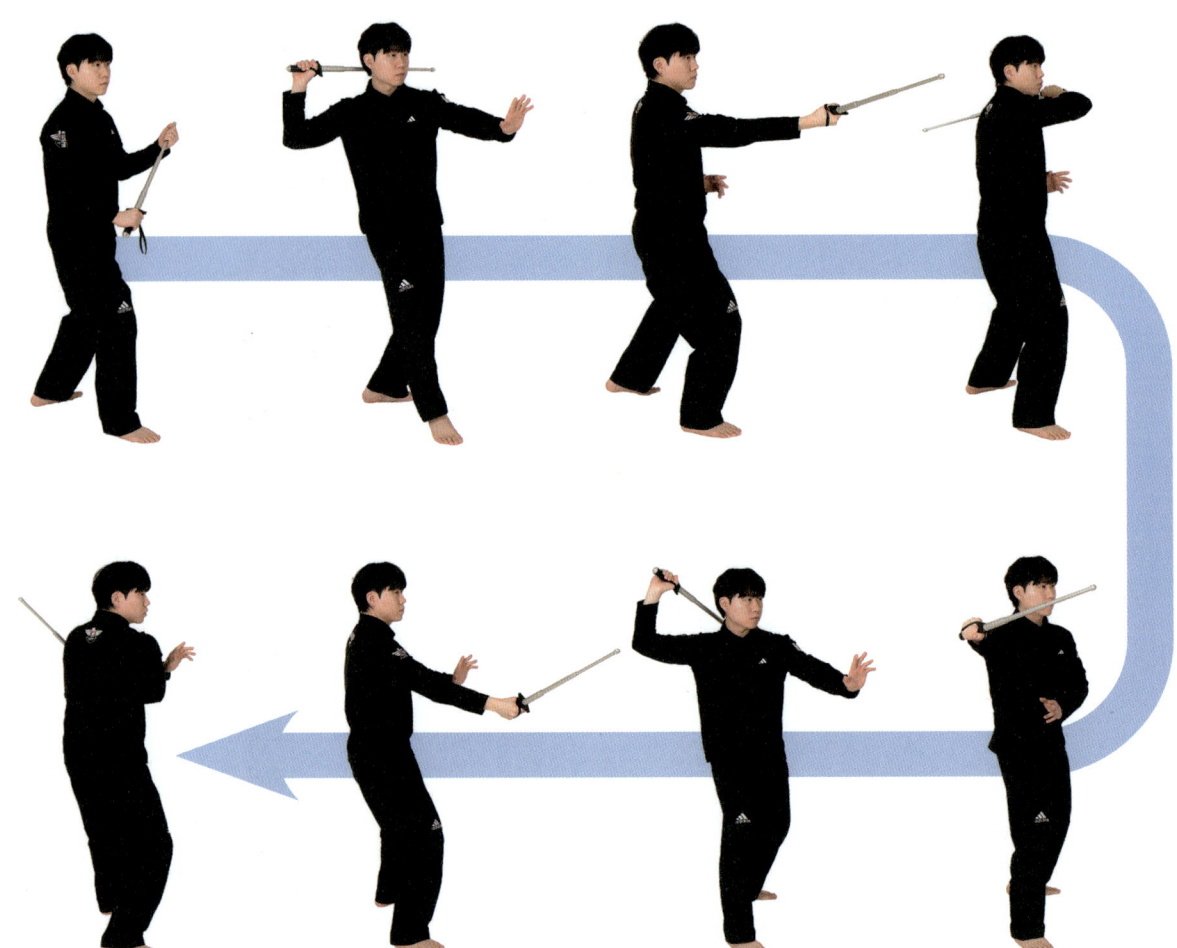

9) ㅈ 글무

올려 막고 안 사선 치고 바깥 사선 치기

① 대상자와 이동세로 대치한다.
② 뒤로 물러나며 안 올려 막는다.
③ 앞발 나가며 안 사선 친다.
④ 앞발 나가며 바깥 사선 친다.

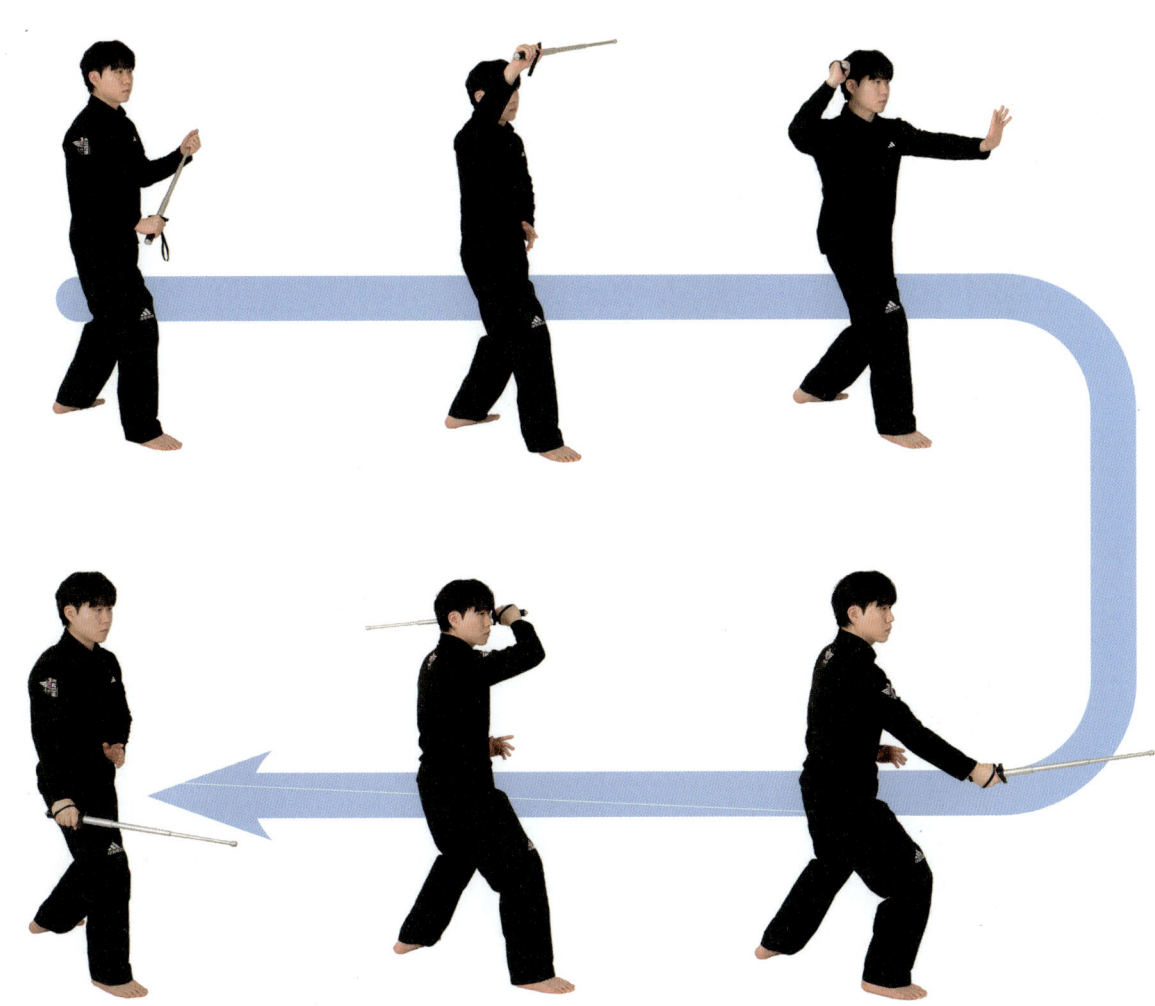

10) ㅊ 글무

상단 내려치고 올려 막고 안 사선 치고 바깥 사선 치기

① 대상자와 이동세로 대치한다.
② 앞발 나가며 상단 내려친다.
③ 뒤로 물러나며 안 올려 막는다.
④ 앞발 나가며 안 사선 친다.
⑤ 앞발 나가며 바깥 사선 친다.

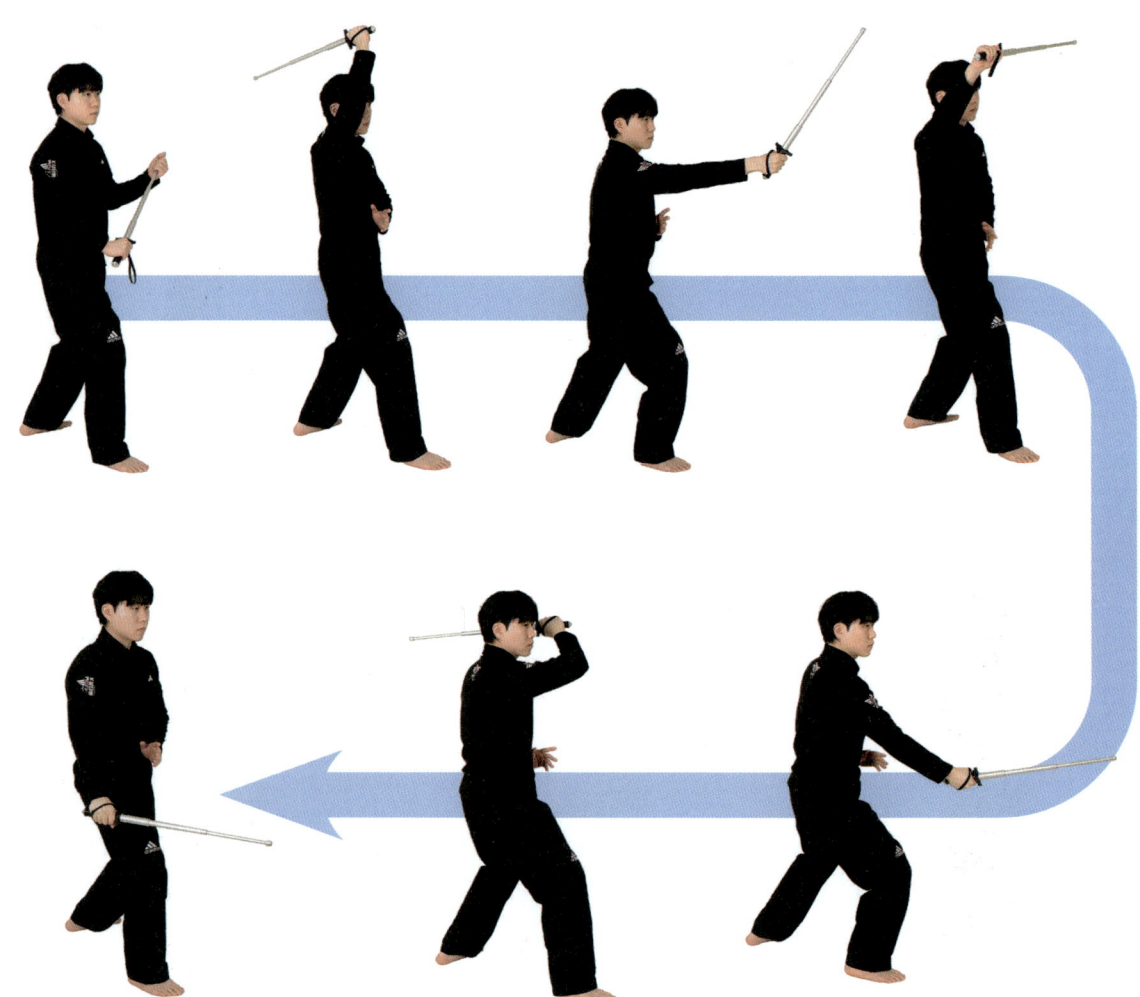

11) ㅋ 글무

올려막고 내려치고 수평치기

① 대상자와 이동세로 대치한다.
② 뒤로 물러나며 안 올려 막는다.
③ 앞발 나가며 내려친다.
④ 앞발 사선으로 나가며 어깨높이로 바깥 수평 친다.

12) ㅌ 글무

바깥 올려 막고 바깥 수평치고 내려치고 바깥 수평치기

① 대상자와 이동세로 대치한다.
② 뒤로 물러나며 바깥 올려 막는다.
③ 앞발 나가며 바깥 수평 친다.
④ 앞발 나가며 수직 내려친다.
⑤ 앞발 나가며 바깥 수평 친다.

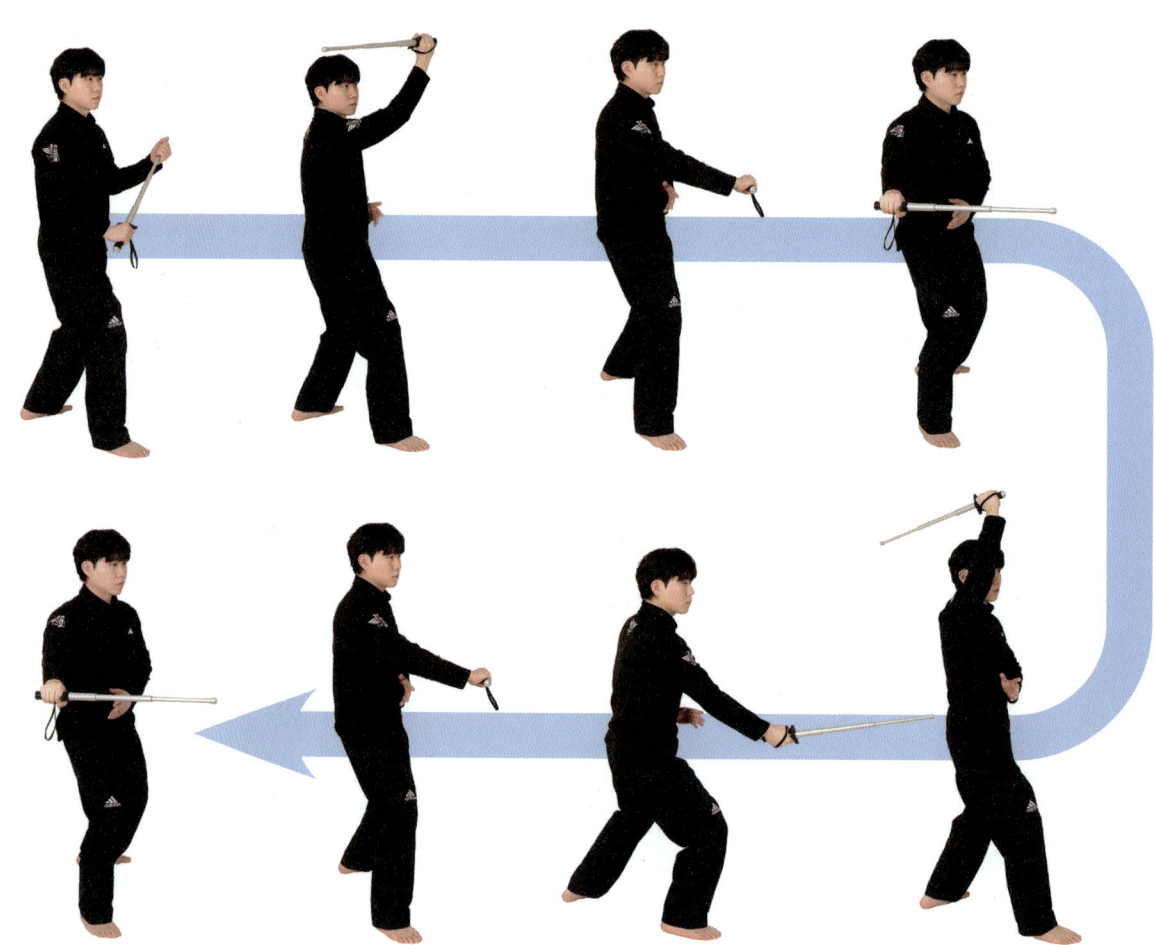

13) ㅍ 글무

안 올려막고 내외막고 바깥 수평치기

① 대상자와 이동세로 대치한다.
② 뒤로 물러나며 안 올려 막고 내외 막는다.
③ 앞발 사선으로 나가며 바깥 수평 친다.

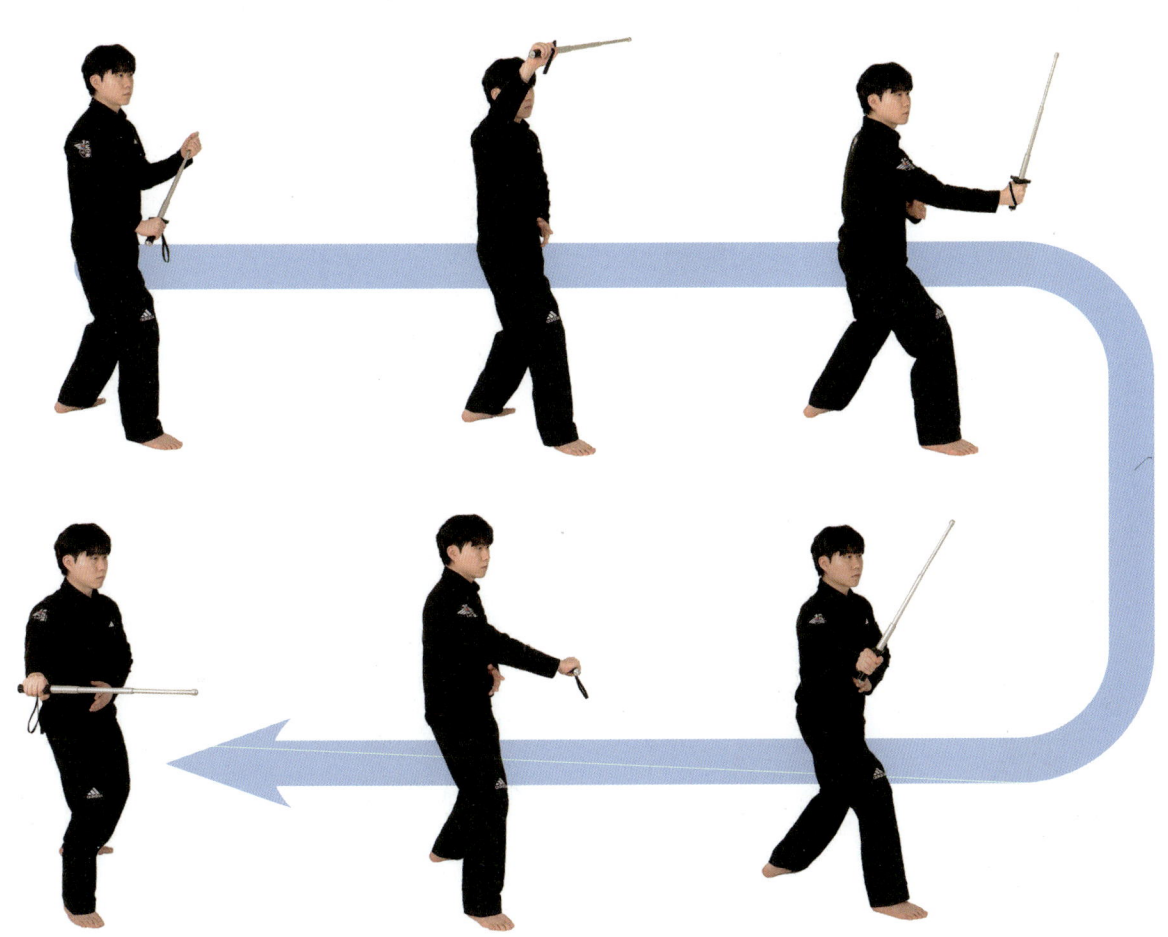

Part 6. K삼단봉 글무

14) ㅎ 글무

상단 내려치고 수평 치고 안 사선 후려치기

① 대상자와 이동세로 대치한다.
② 앞발 나가며 상단 내려친다.
③ 어깨높이로 바깥 수평 친다.
④ 앞발 나가며 안 사선 후려친다.

3. 모음 글무

가. 한글 모음 제자원리

1) 상형의 원리

모음 기본자는 하늘, 땅, 사람을 본떠 만들었다.

천지인 삼재(三才)

'•' → 하늘(天)의 둥근모양

'ㅣ' → 사람(人)의 서있는 모양

'ㅡ' → 땅(地)의 평평한 모양

2) 합성의 원리

기본자의 글자를 서로 합쳐 초출자와 재출자를 만들었다.

초출자는 기본자중 '•'와'ㅡ', '•'와'ㅣ'를 결합하여 만들었다.

ㅗ, ㅏ, ㅜ, ㅓ

재출자는 초출자에 '•'를 한번 더 결합하여 만들었다.

ㅛ, ㅑ, ㅠ, ㅕ

3) 합용의 원리

합용자는 모음에서 초출자 간에 붙여 쓰거나 기본자, 초출자, 재출자에 'ㅣ'를 붙여 쓴다.

삼재	기본자	초출자	재출자	합용자
하늘(天)	•	ㅗ, ㅏ	ㅛ, ㅑ	ㅔ, ㅖ, ㅘ, ㅙ, ㅚ, ㅝ, ㅞ, ㅟ, ㅢ, ㅐ, ㅒ
땅(地)	ㅡ	ㅜ, ㅓ	ㅠ, ㅕ	
사람(人)	ㅣ			

나. 모음 글무

모음의 형태를 무예 동작과 자세로 구현한 것. 다시 말해서 하늘, 땅, 사람의 모양을 무예 동작으로 구현한 것이다. 모음의 모양을 살펴보면 점, 수평선, 수직선의 조합으로 이루어져 있어 무예로 구현하기 좋은 글자임을 알 수 있다. 예를 들어 【ㅏ】는 '내려치고 찌르기'로 구현할 수 있고, 【ㅓ】는 '찌르고 내려치기'로 구현할 수 있다. 【ㅗ】는 '찌르고 수평치기' 기술로 활용할 수 있다.

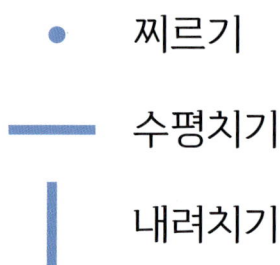

모음 글무의 천(•)은 찌르기와 치기로 구현할 수 있다. 첫 번째는 훈민정음 식으로 '•'을 '찌르기'로 구현할 수 있다. 두 번째는 한글식으로 '•'을 치기(수평 치기, 수직 치기)로 구현할 수 있다.

세 번째는 혼합식으로 찌르기와 치기 기술을 병행 구현할 수 있다.

글무 품새는 '•'을 찌르기로 구현하고 타격에서는 '•'을 찌르기와 치기로 병행 구현한다.

구분	기술	활용	가격 부위
훈민정음식	찌르기	글무 품새	명치, 복부
한글식	치기	타격	팔, 손목, 하체, 무릎, 정강이
혼합식	찌르기, 치기	타격	훈민정음, 한글식

교본에는 기본이 되는 훈민정음 식으로 구현했다.

1) ㅏ 글무

내려치고 찌르기

① 대상자와 이동세로 대치한다.

② 앞발 나가며 수직으로 내려친다.

③ 다시 앞발 나가며 중단 찌른다.

2) ㅑ 글무

내려치고 찌르고 찌르기

① 대상자와 이동세로 대치한다.
② 앞발 나가며 수직으로 내려친다.
③ 앞발 나가며 중단 찌른다.
④ 앞발 나가며 다시 중단 찌른다.

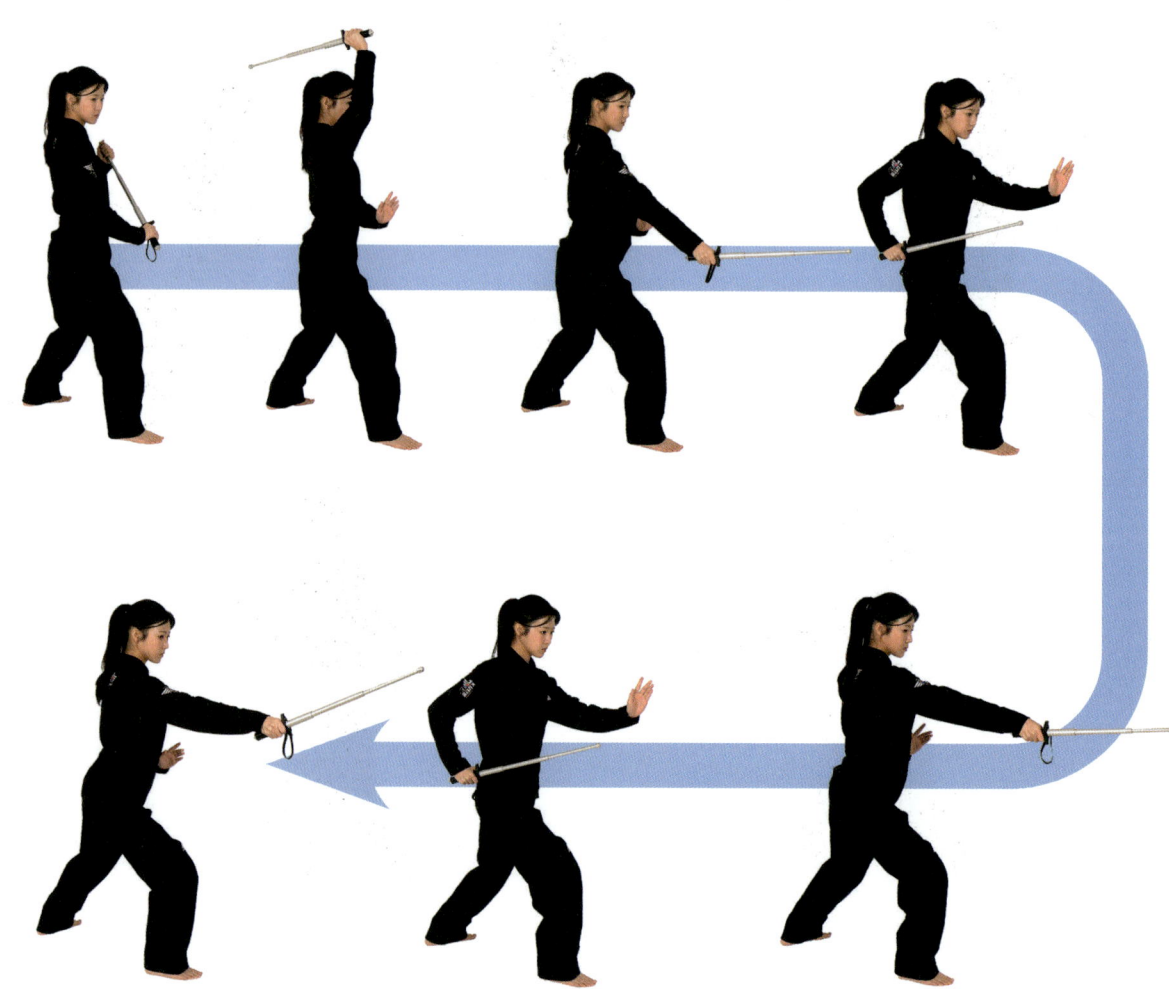

3) ㅓ 글무

찌르고 내려치기

① 대상자와 이동세로 대치한다.

② 앞발 나가며 중단 찌른다.

③ 수직으로 내려친다.

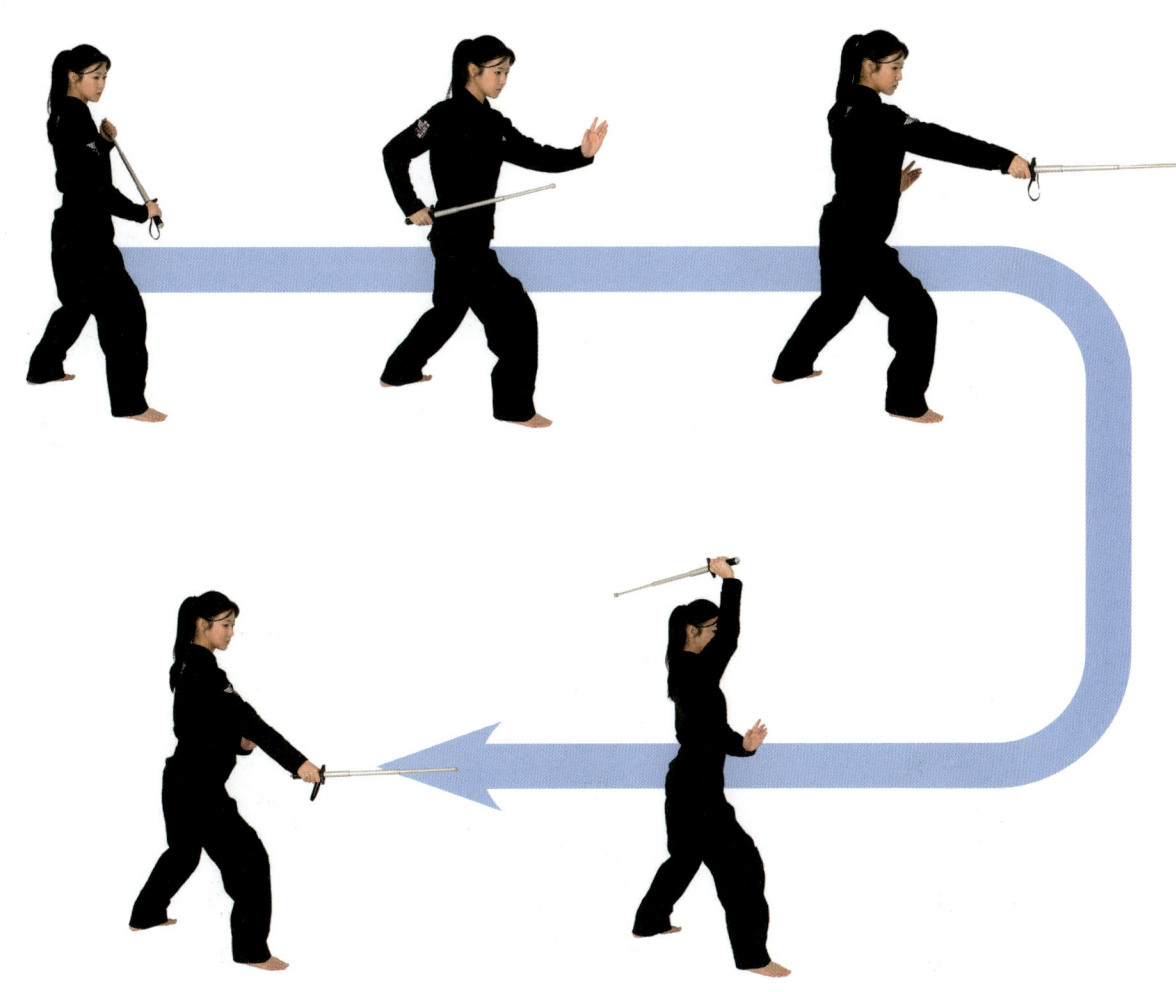

4) ㅕ 글무

두 번 찌르고 내려치기

① 대상자와 이동세로 대치한다.
② 앞발 나가며 중단 찌른다.
③ 앞발 나가며 다시 한 번 찌른다.
④ 수직으로 내려친다.

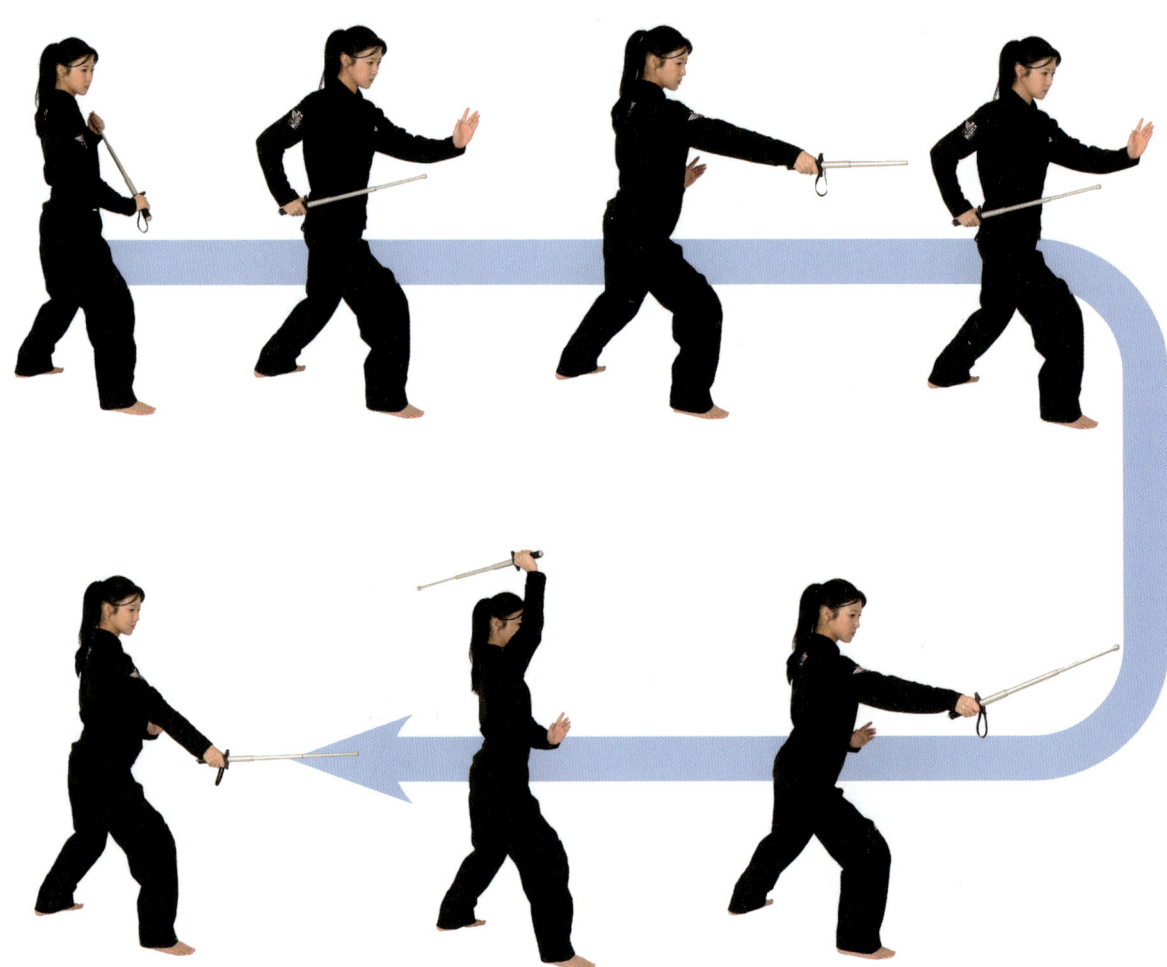

5) ㅗ 글무

찌르고 수평치기

① 대상자와 이동세로 대치한다.
② 앞발 나가며 중단 찌른다.
③ 앞발 사선으로 나가며 바깥 수평 친다.

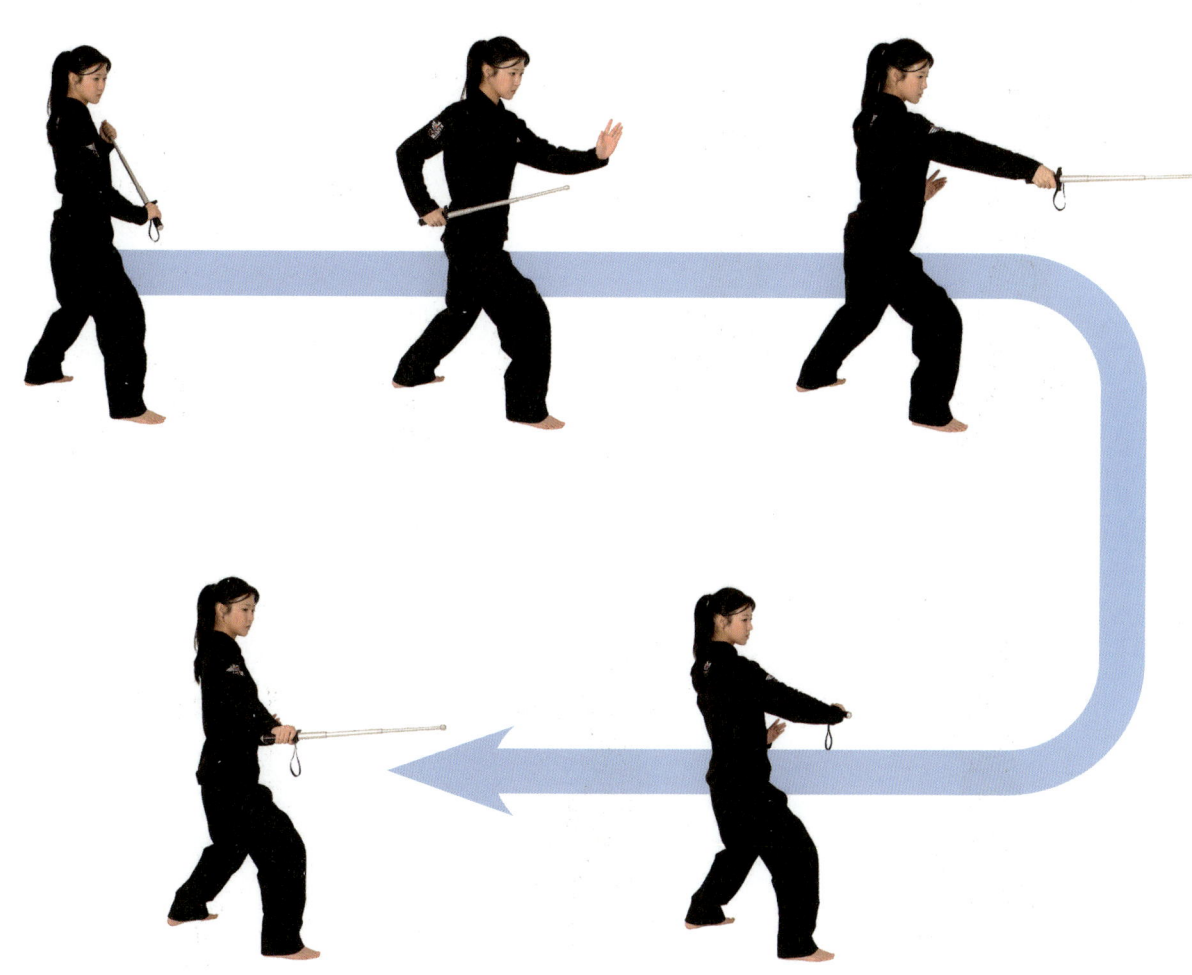

6) ㅛ 글무

찌르고 찌르고 수평치기

① 대상자와 이동세로 대치한다.
② 앞발 나가며 중단 찌른다.
③ 앞발 나가며 다시 한번 찌른다.
④ 앞발 사선으로 나가며 바깥 수평 친다.

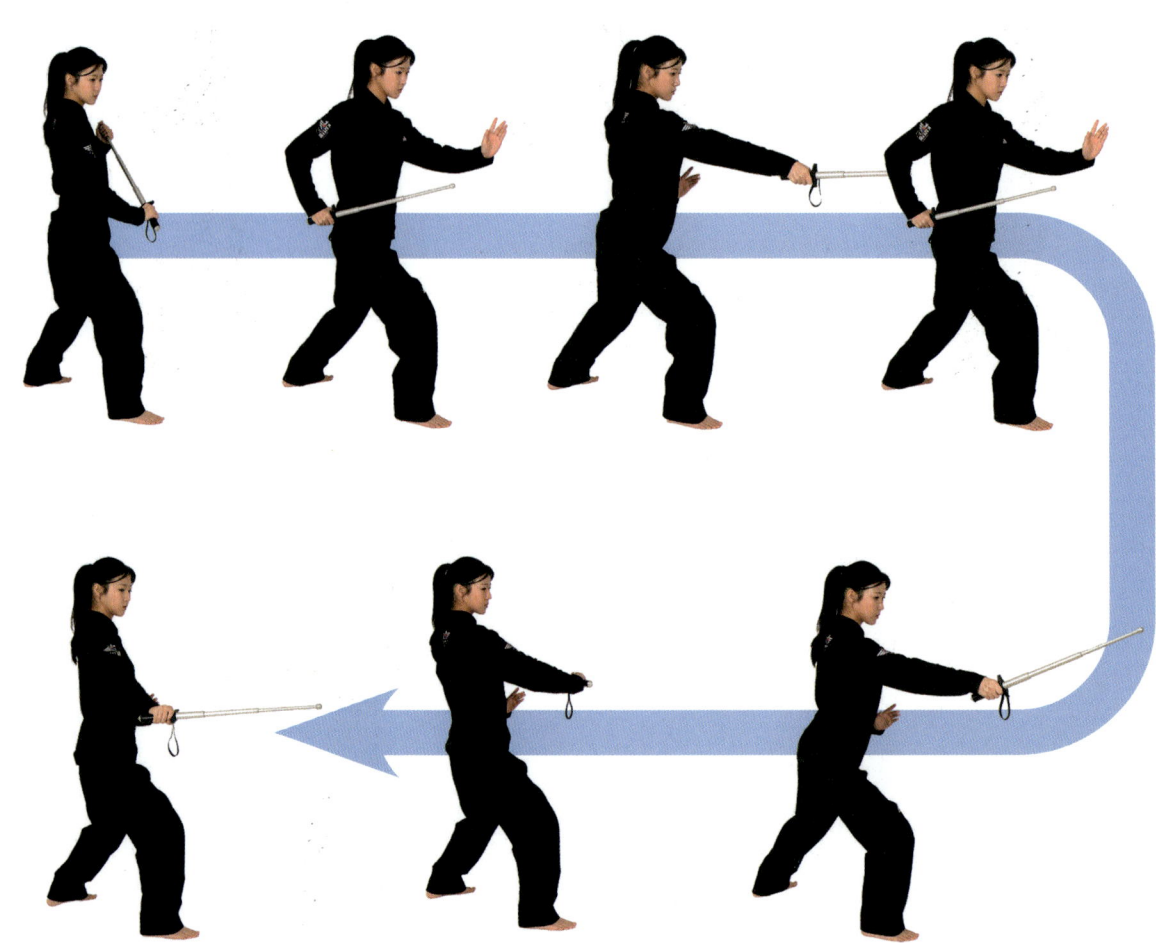

7) ㅜ 글무

수평 치고 찌르기

① 대상자와 이동세로 대치한다.
② 앞발 나가며 바깥 수평 친다.
③ 앞발 나가며 중단 찌른다.

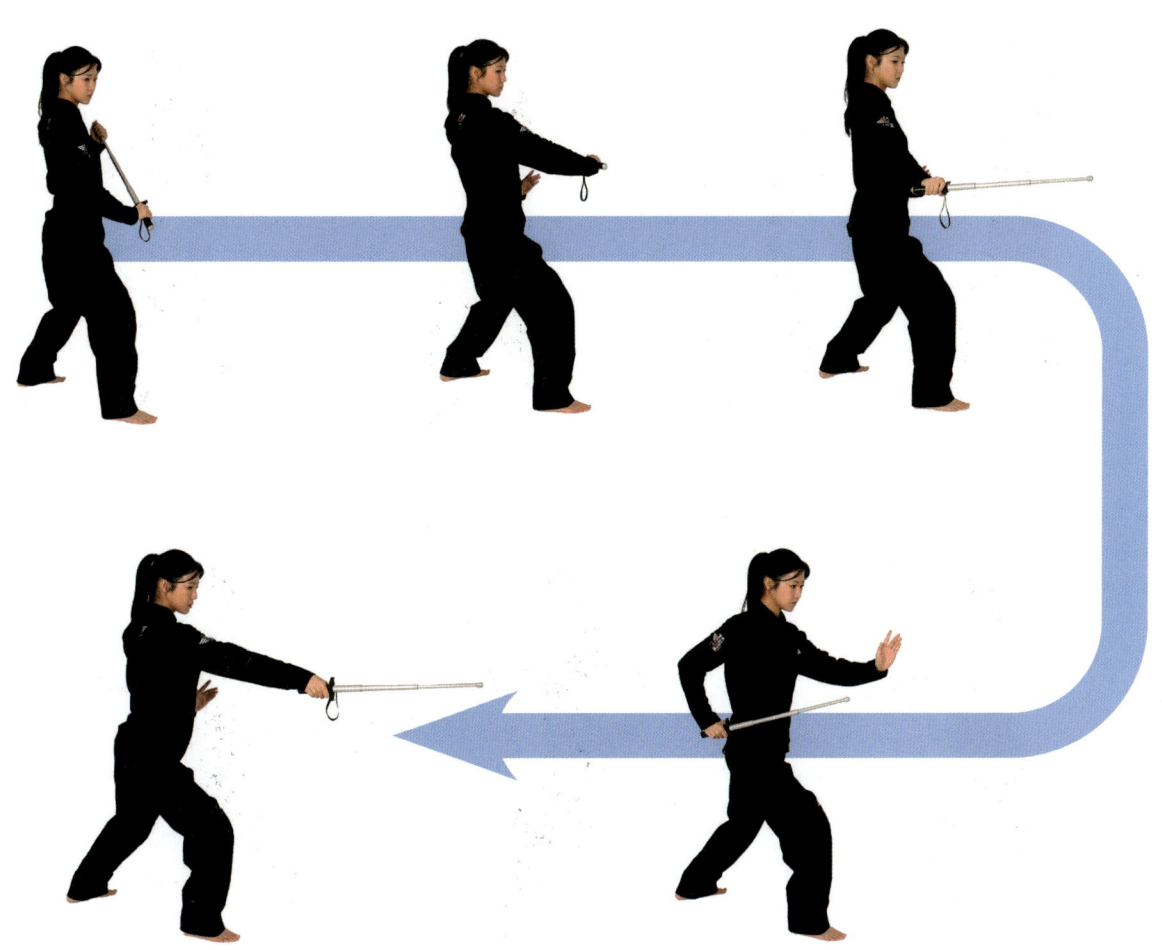

8) ㅠ 글무

수평 치고 찌르고 찌르기

① 대상자와 이동세로 대치한다.
② 앞발 나가며 바깥 수평 친다.
③ 앞발 나가며 중단 찌른다.
④ 앞발 나가며 다시 한번 찌른다.

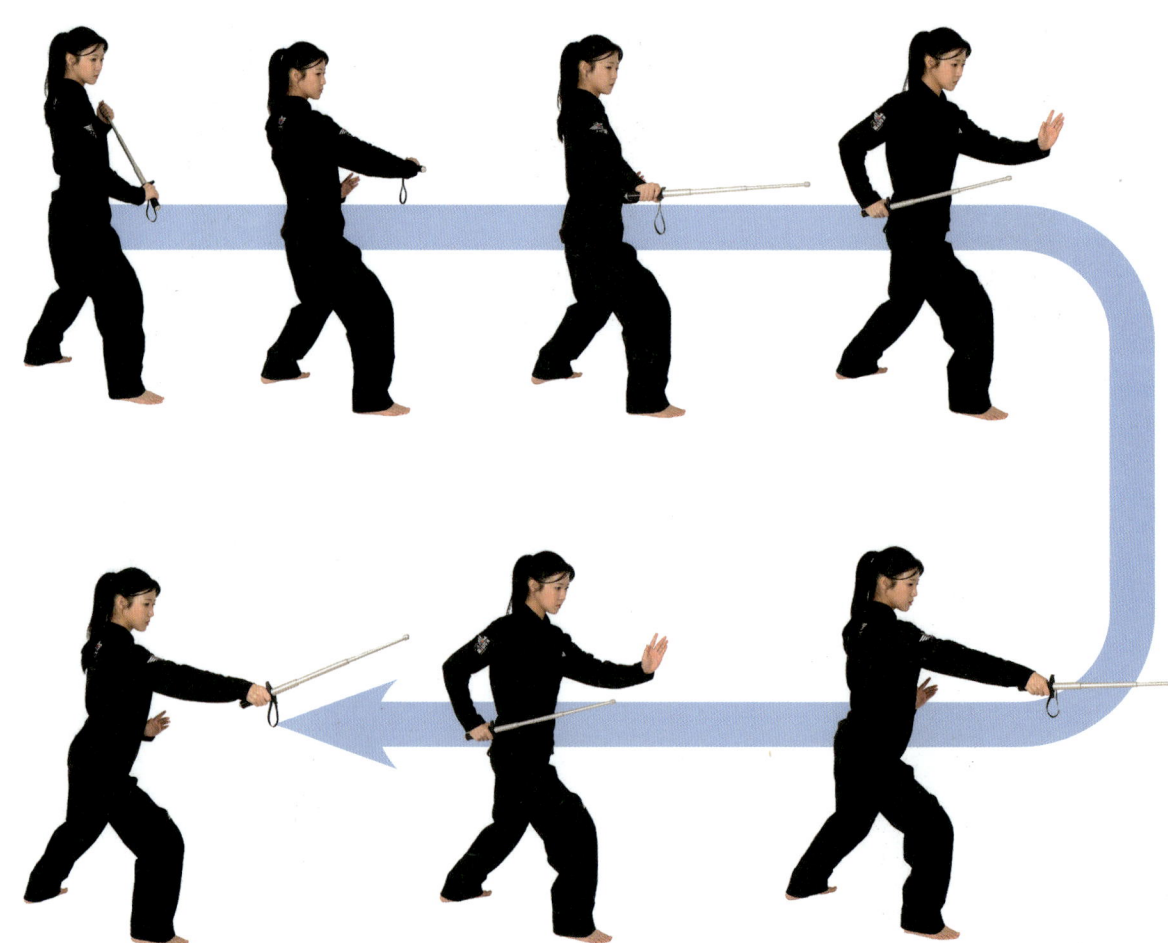

9) ― 글무

수평치기

① 대상자와 이동세로 대치한다.
② 앞발 나가며 바깥 수평 친다.

10) ㅣ 글무

수직 내려치기

① 대상자와 이동세로 대치한다.
② 앞발 나가며 수직으로 내려친다.

4. 글자 글무

가. 한글 특성

한글은 자음과 모음으로 나누어지는 음소문자로 자음자, 모음자, 하나하나가 독립된 글자다. 세종이 한글을 창제할 때 소리가 분석되는 최소 단위인 음소(자음, 모음)로 문자를 만들고 이것을 음절 단위로 모아쓰도록 규정하였다.

'ㅗ, ㅛ, ㅜ, ㅠ, ㅡ'는 초성의 아래에 붙여 쓰고, 'ㅏ, ㅑ, ㅣ, ㅓ, ㅕ'는 초성의 오른쪽에 붙여 쓰도록 규정하고 있다. 즉 'ㅇㅏㄹㅣㄹㅏㅇ'처럼 글자를 풀어쓰지 않고 '아리랑'처럼 음절 단위로 모아쓴다.

글무의 운용은 한글 운용법을 활용했다.

초성(앞) → 중성(오른쪽) → 종성(뒤) 순으로 기법을 구현하며 다음과 같은 규칙이 있다.

나. 글무 방향

크게 앞쪽, 오른쪽, 뒤쪽으로 글무를 수행한다. 이해를 돕기 위해 시계 바늘의 방향으로 설명한다.

1) 초성-앞쪽

자음: ㄱ, ㄴ, ㄷ, ㄹ, ㅁ, ㅂ, ㅅ, ㅇ, ㅈ, ㅊ, ㅋ, ㅌ, ㅍ, ㅎ(시계 12시 방향)

쌍자음: ㄲ, ㄸ, ㅃ, ㅆ, ㅉ(시계 11시, 1시 방향)

2) 중성

중성-오른쪽 ㅏ, ㅑ, ㅣ, ㅓ, ㅕ(시계 3시 방향)

중성-뒤쪽 ㅗ, ㅛ, ㅜ, ㅠ, ㅡ(시계 6시 방향)

3) 종성-뒤쪽 (시계 6시 방향)

자음 : ㄱ, ㄴ, ㄷ, ㄹ, ㅁ, ㅂ, ㅅ, ㅇ, ㅈ, ㅊ, ㅋ, ㅌ, ㅍ, ㅎ(시계 12시 방향)

쌍받침: ㄲ, ㅆ

겹받침: ㄳ, ㄵ, ㄶ, ㄺ, ㄻ, ㄼ, ㄽ, ㄾ, ㄿ, ㅀ, ㅄ

쌍받침과 겹받침은 시계 7시, 5시 방향이다.

다. 글무 방향

글무의 방향은 바라보는 곳에 상관없이 시작하는 방향이 앞(12시)이 되고, 이를 기점으로 오른쪽(3시), 뒤쪽(6시)이 정해진다.

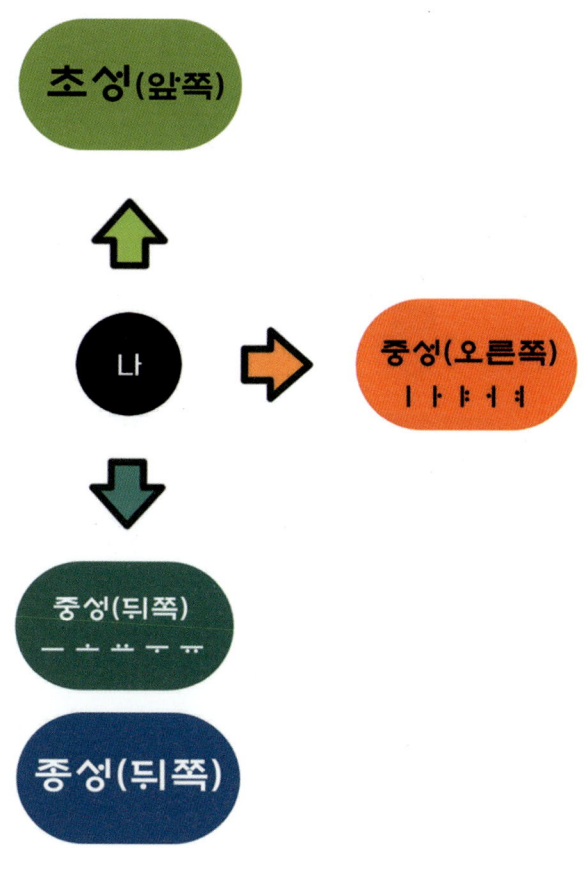

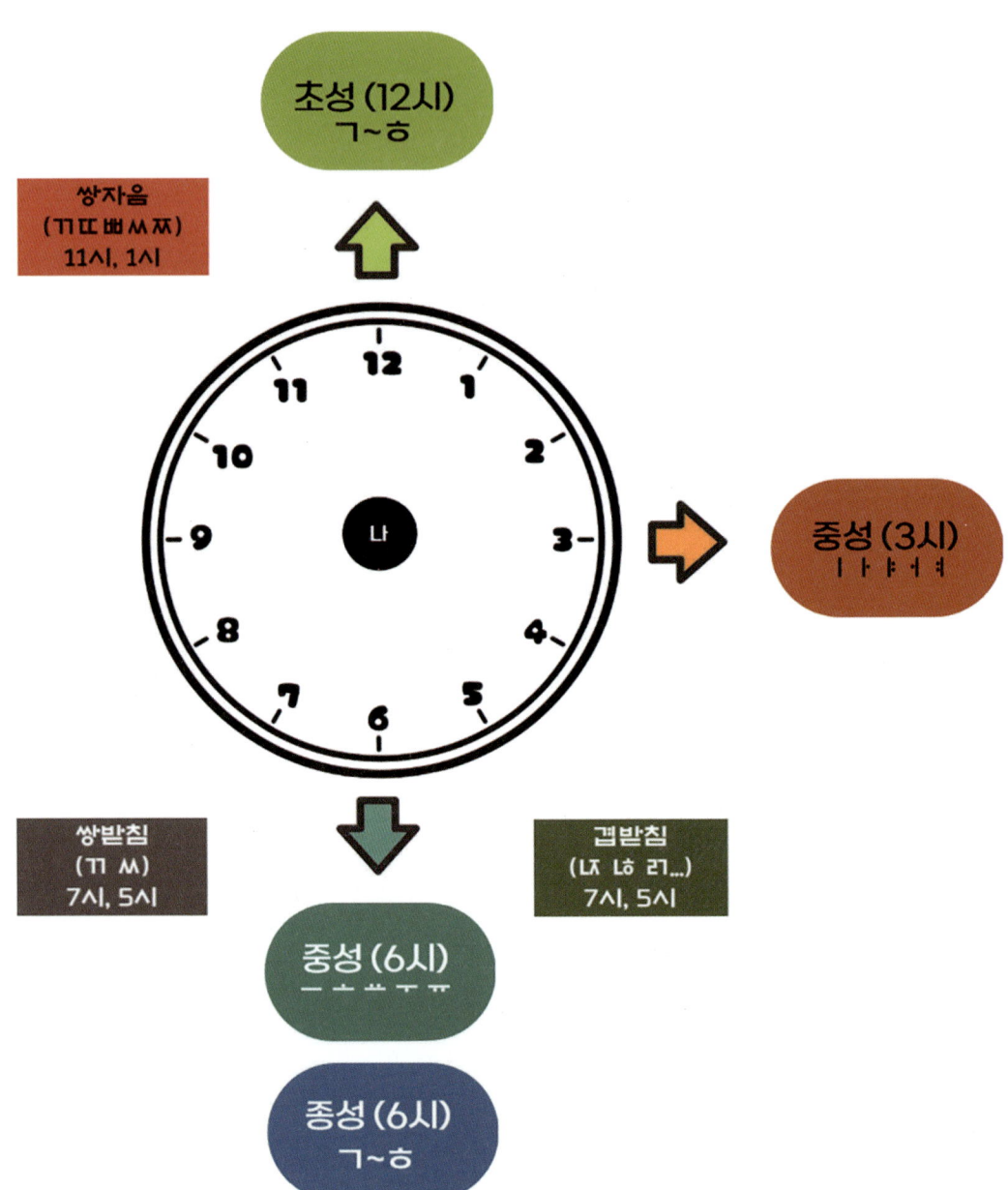

라. 글무 순서

① 초성(자음) ② 중성(모음) ③ 종성(자음) 순으로 진행한다.

예시)

'가'는 초성 'ㄱ'은 앞 방향 12시, 중성 'ㅏ'는 오른 방향 3시가 된다.

마. 병서 방향

① 쌍자음(각자병서)은 크게 앞 방향을 향하고 첫 번째 자음은 11시, 두 번째 자음은 1시 방향이다(ㄲ, ㄸ, ㅃ, ㅆ, ㅉ). 아래 이미지는 'ㄲ'글무를 구현했다.

'강'은 초성 'ㄱ'은 앞 방향 12시, 중성 'ㅏ'는 오른 방향 3시, 종성 'ㅇ'은 뒤 방향 6시가 된다.

② 쌍받침(각자병서)은 크게 뒤 방향을 향하고 첫 번째 자음은 7시 방향 두 번째 자음은 5시 방향이다. (ㄲ, ㅆ)

③ 겹받침(합용병서)은 서로 다른 두 개의 자음으로 된 받침으로 첫 번째 자음은 7시, 두 번째 자음은 5시 방향이다(11가지).

- 앞자음이 발음 (ㄳ, ㄵ, ㄾ, ㄶ, ㅀ)
- 뒤자음이 발음 (ㄺ, ㄻ, ㄿ)

아래 이미지는 'ㄴㅈ'글무를 구현했다.

바. 글무 회전 방향

① 초성 다음 중성(ㅏ, ㅑ, ㅓ, ㅕ)은 오른쪽으로 돌며 3시 방향에서 글무를 수행한다.

② 초성 다음 중성(ㅗ, ㅛ, ㅜ, ㅠ, ㅡ)은 왼쪽으로 돌며 6시 방향에서 글무를 수행한다.

③ 중성(ㅏ, ㅑ, ㅓ, ㅕ, ㅣ) 다음 종성은 왼쪽으로 돌며 6시 방향에서 글무를 수행한다.

④ 중성(ㅗ, ㅛ, ㅜ, ㅠ) 다음 종성은 동일하게 6시 방향으로 글무를 수행한다.

7
Chapter
K삼단봉 타공

1. K삼단봉 타공의 정의

가. 정의

타공이란 타격과 공방의 줄임말이다. 타격을 활용해 대상자와 공방을 주고받는 훈련이다. 자음, 모음, 글자를 활용해 타공이 가능하고 1:1, 1:2, 1:3 등 다수와 겨룰 수 있다.

나. 타공의 종류

자음 타공 : 자음을 활용한 타공 훈련법
모음 타공 : 모음을 활용한 타공 훈련법

다. 훈련 방법

선타공 : 대상자를 먼저 타격하고 공방을 주고받는 훈련법
후타공 : 대상자의 공격을 방어한 후 타격하고 공방을 주고받는 훈련법

종류	선타공	후타공
자음타공	ㄴㅁㅅㅇㅎ	자음전체(ㄱ~ㅎ)
모음타공	모음전체(ㅏ~ㅣ)	모음전체(ㅏ~ㅣ)

2. 자음 타공

가. ㄱ 타공

올려막고 내려치기

① 상대방과 이동세로 대치한다.
② 대상자가 내려치면 뒤로 물러나며 올려막는다.
③ 상대방의 손목을 내려친다.

  » 안 올려막기: 봉 끝이 안쪽을 향하게 올려 막는다.
  » 내려치기 : 내려치기: 양굽이 자세로 중단 높이로 내려친다.

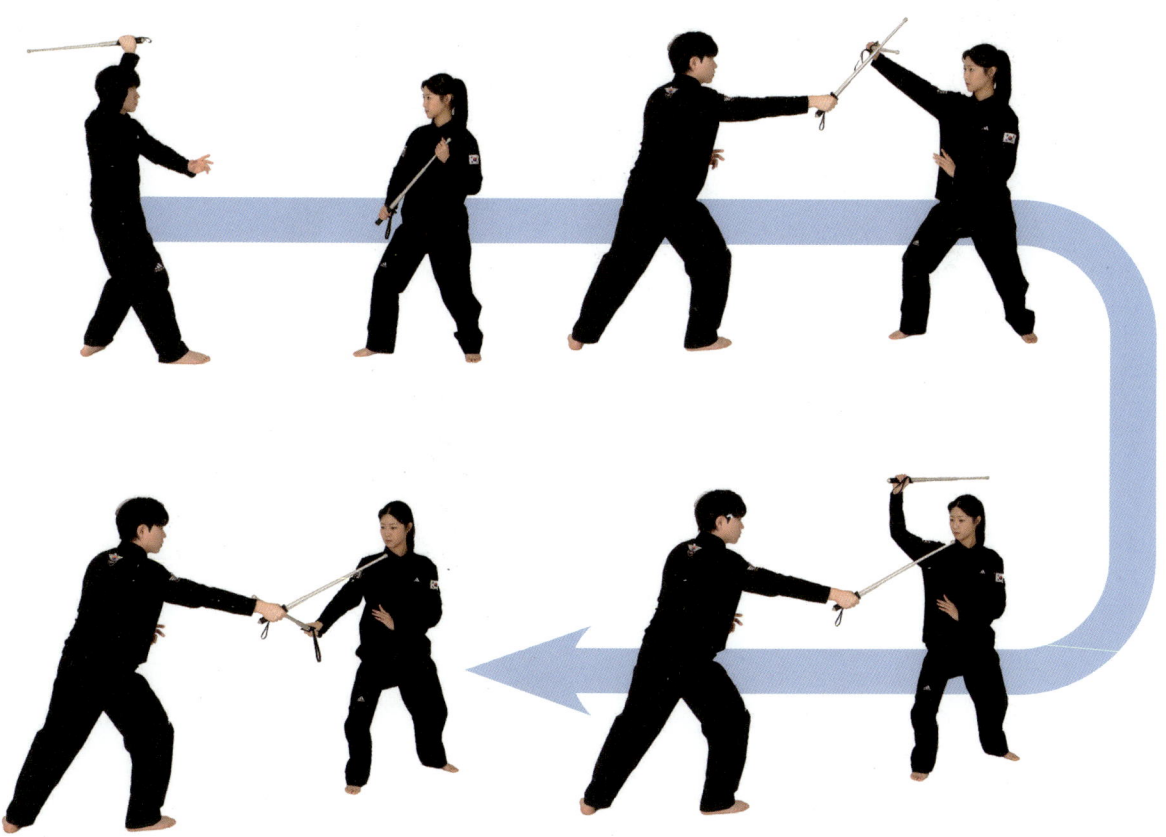

나. ㄴ 타공

내려치고 바깥 수평치기

① 상대방과 이동세로 대치한다.
② 대상자가 내려치면 뒤로 물러나며 후려 막는다.
③ 상대방의 손목을 내려치고 하체(무릎 부위)를 수평으로 친다.

» 올려 후려 막기 : 봉을 바깥으로 올리며 후려 막는다.

다. ㄷ 타공

바깥 올려막고 내려치고 수평치기

① 상대방과 이동세로 대치한다.
② 대상자가 내려치면 뒤로 물러나며 바깥 올려막는다.
③ 상대방의 손목을 내려치고 하체(무릎 부위)를 수평으로 친다.

》 바깥 올려막기 : 봉 끝이 바깥쪽을 향하게 올려막는다.

237

라. ㄹ 타공

올려막고 내려치고 바깥 올려막고 내려치고 수평치기

① 상대방과 이동세로 대치한다.
② 대상자가 내려치면 뒤로 물러나며 올려막고 손목을 내려친다.
③ 대상자가 방어한 후 다시 내려치면 바깥 올려막고 손목을 내려친다.
④ 하체(무릎 부위)를 수평으로 친다.

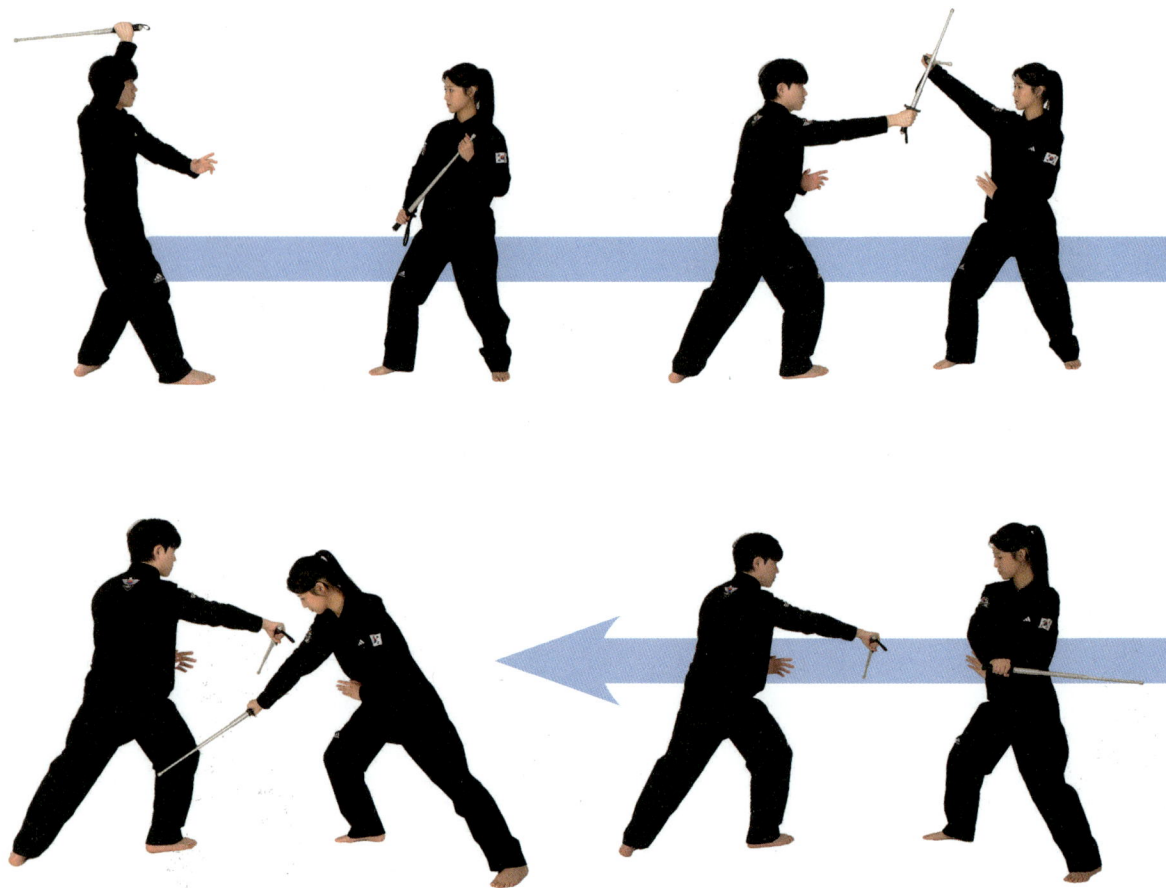

Part 7. K삼단봉 타공

마. ㅁ 타공

내려치고 올려막고 안 사선 치고 수평치기

① 상대방과 이동세로 대치한다.
② 대상자가 내려치면 뒤로 물러나며 후려막고 손목을 내려친다.
③ 대상자가 방어한 후 다시 내려치면 올려막고 안 사선 내려친다.
④ 하체(무릎 부위)를 수평으로 친다.
  » 안 사선 치기 : ㄱ글무의 ㄱ은 직각으로, ㅁ글무의 ㄱ은 사선으로 내려친다.

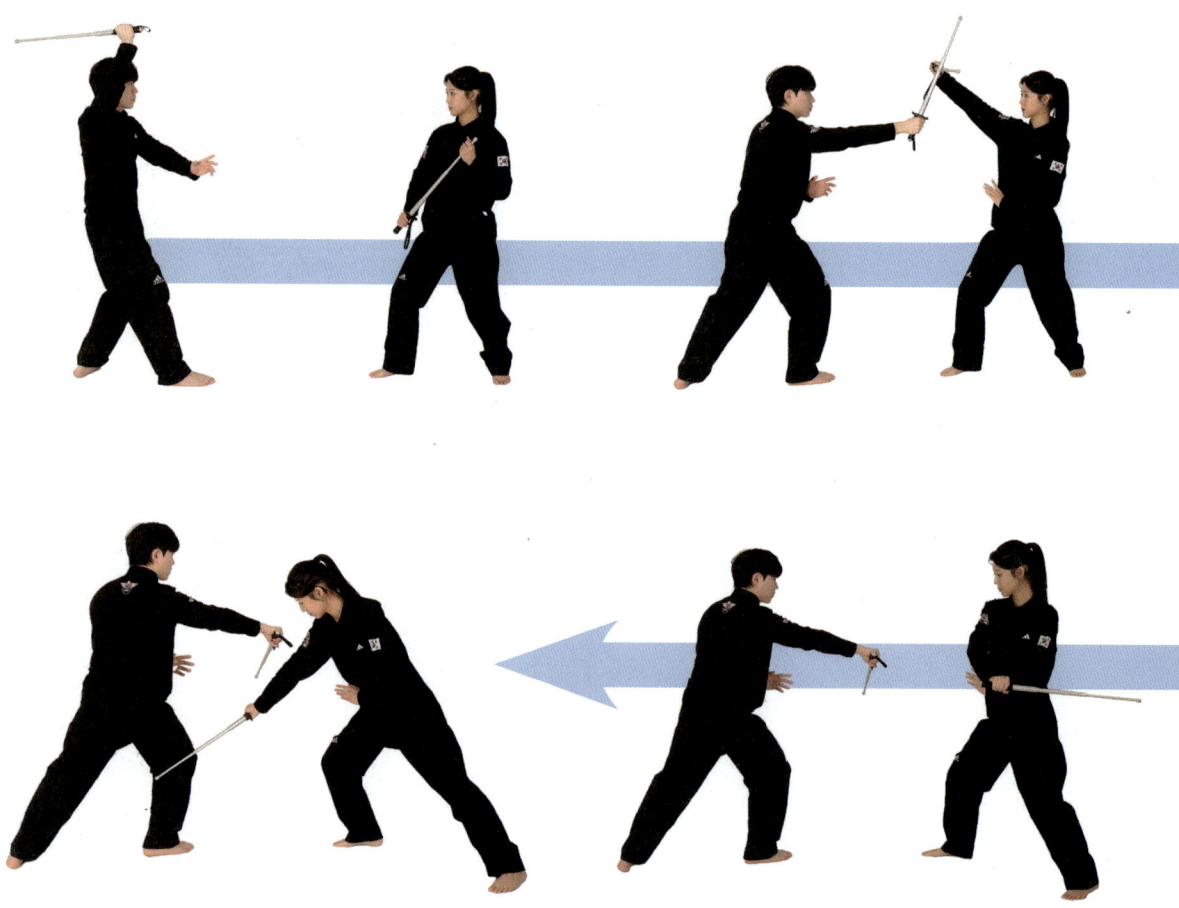

바. ㅂ 타공

안, 바깥 막고 수평치고 수평치기

① 상대방과 이동세로 대치한다.
② 상대방의 좌우 공격을 안, 바깥으로 막는다.
③ 바깥 수평치고 다시 하체(무릎 부위)를 수평으로 친다.

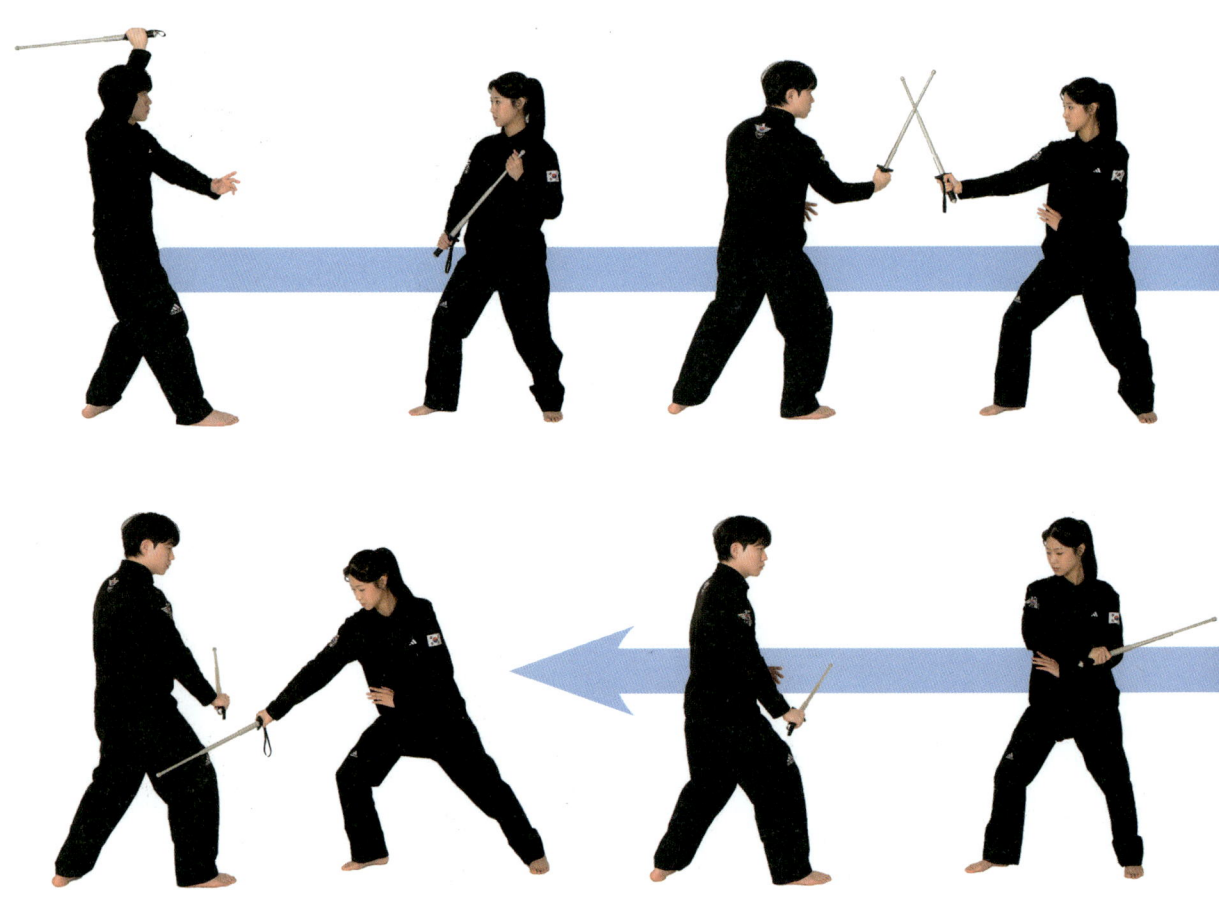

사. ㅅ 타공

안 사선 치고 바깥 사선 치기

① 상대방과 이동세로 대치한다.
② 대상자가 내려치면 뒤로 물러나며 후려 막고 안 사선 내려친다.
③ 다시 바깥 사선 내려친다.

아. ㅇ 타공

후려막고 안 후려치기

① 상대방과 이동세로 대치한다.

② 대상자가 내려치면 뒤로 물러나며 후려 막는다.

③ 안으로 원을 그리며 후려친다.

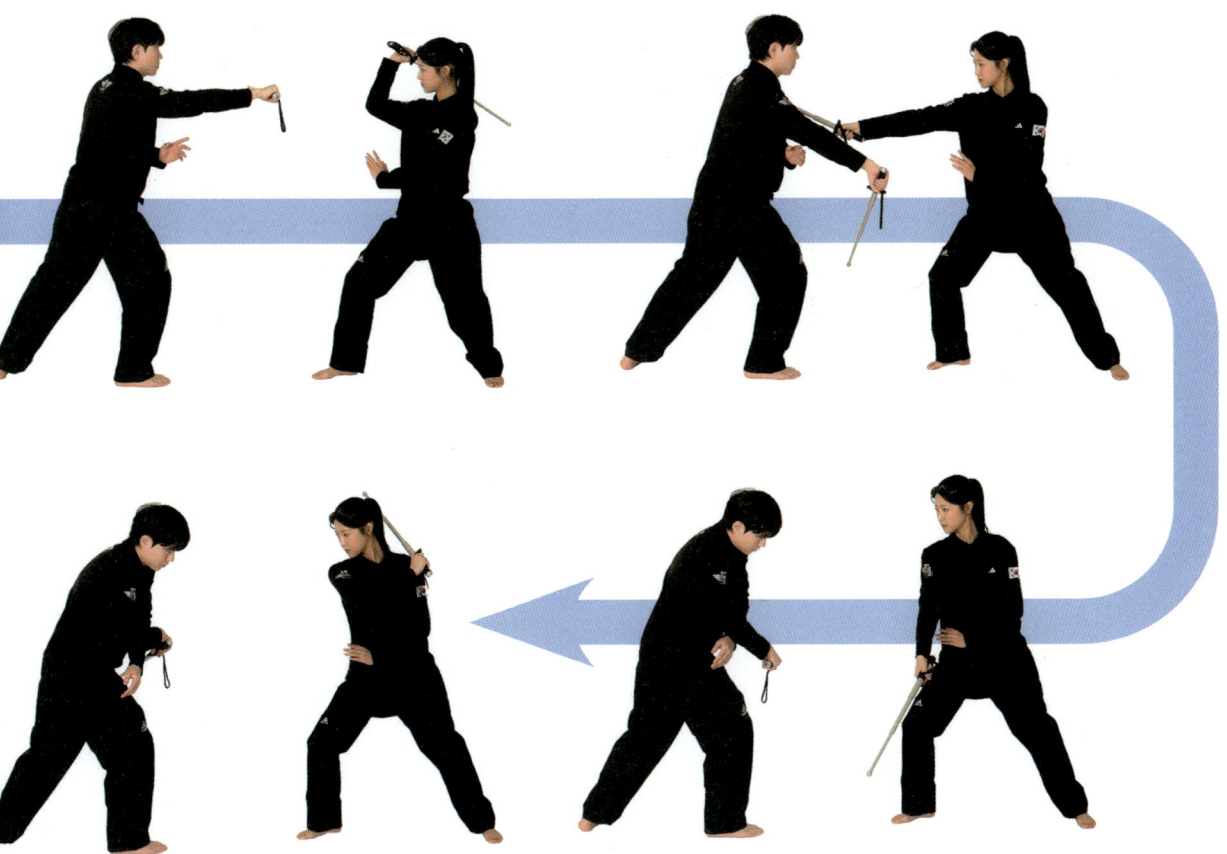

자. ㅈ 타공

올려막고 안 사선 치고 바깥 사선 치기

① 상대방과 이동세로 대치한다.
② 대상자가 내려치면 올려 막고 안 사선 내려친다.
③ 바깥 사선 내려친다.

Part 7. K삼단봉 타공

차. ㅊ 타공

내려치고 올려막고 안 사선 치고 바깥 사선 치기

① 상대방과 이동세로 대치한다.
② 대상자가 내려치면 후려 막고 내려친다.
③ 대상자가 방어한 후 다시 내려치면 올려 막고 안 사선 내려친다.
④ 바깥 사선 내려친다.

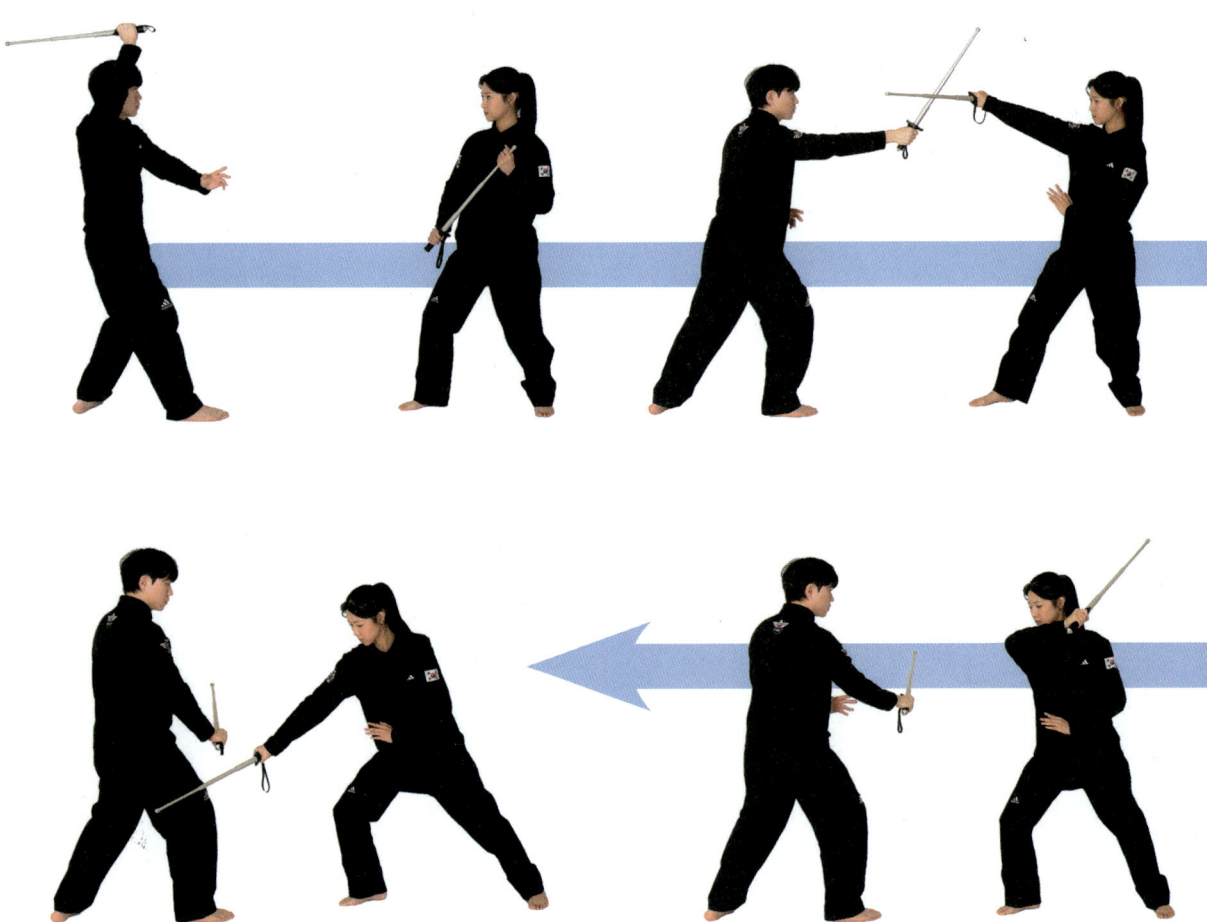

카. ㅋ 타공

올려막고 내려치고 수평치기

① 상대방과 이동세로 대치한다.
② 대상자가 내려치면 물러나며 올려막는다.
③ 손목을 내려치고 바깥 수평으로 친다.

타. ㅌ 타공

올려막고 내려치고 수평치고 수평치기

① 상대방과 이동세로 대치한다.
② 대상자가 내려치면 물러나며 바깥 올려막고 내려친다.
③ 바깥 수평치고 다시 수평친다.

255

파. ㅍ 타공

올려막고 좌우 중단 막고 수평치기

① 상대방과 이동세로 대치한다.
② 대상자가 내려치면 뒤로 물러나며 올려막는다.
③ 상대방의 좌우 공격을 안, 바깥으로 막아내고 바깥 수평친다.

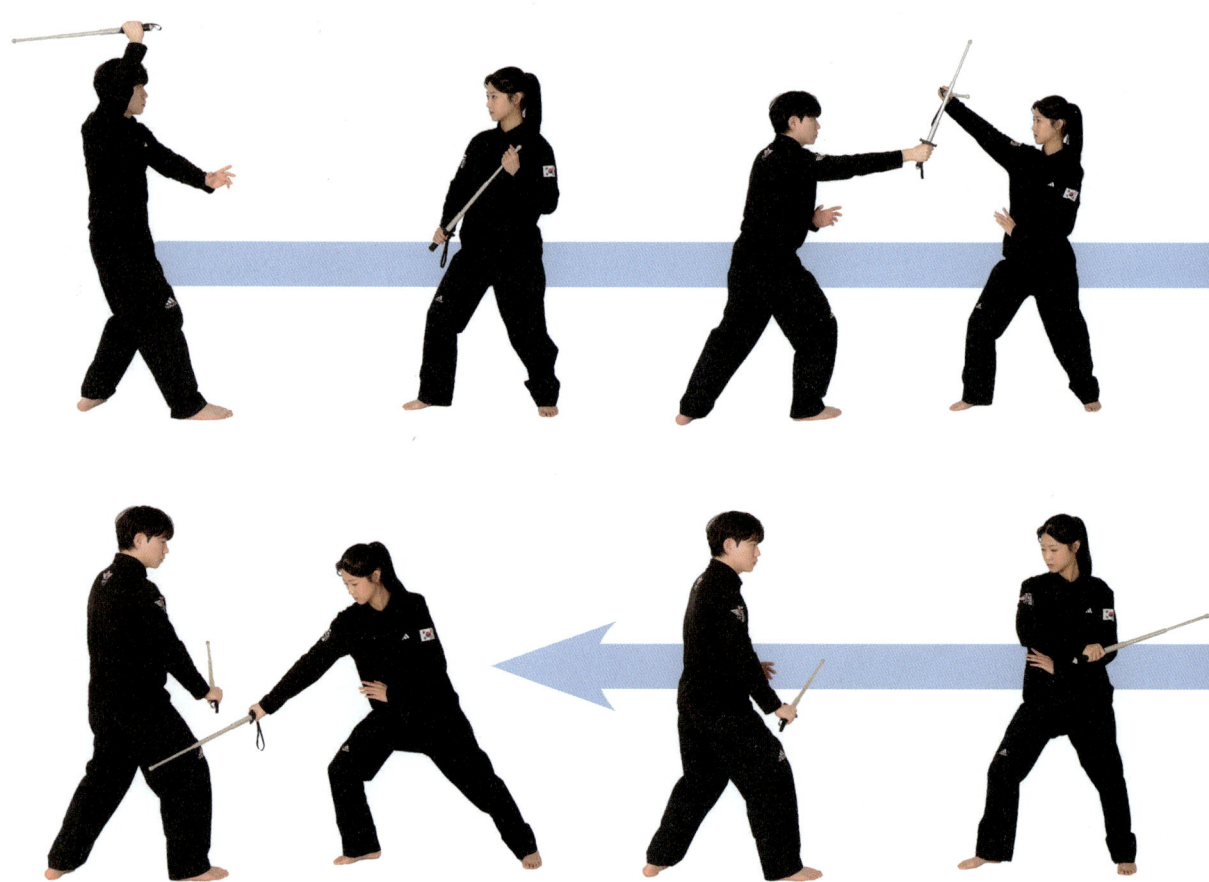

하. ㅎ 타공

내려치고 수평치고 안 사선 후려치기

① 상대방과 이동세로 대치한다.
② 대상자가 내려치면 물러나며 올려막고 내려친다.
③ 대상자가 방어한 후 다시 내려치면 후려막고 안 사선 후려친다.

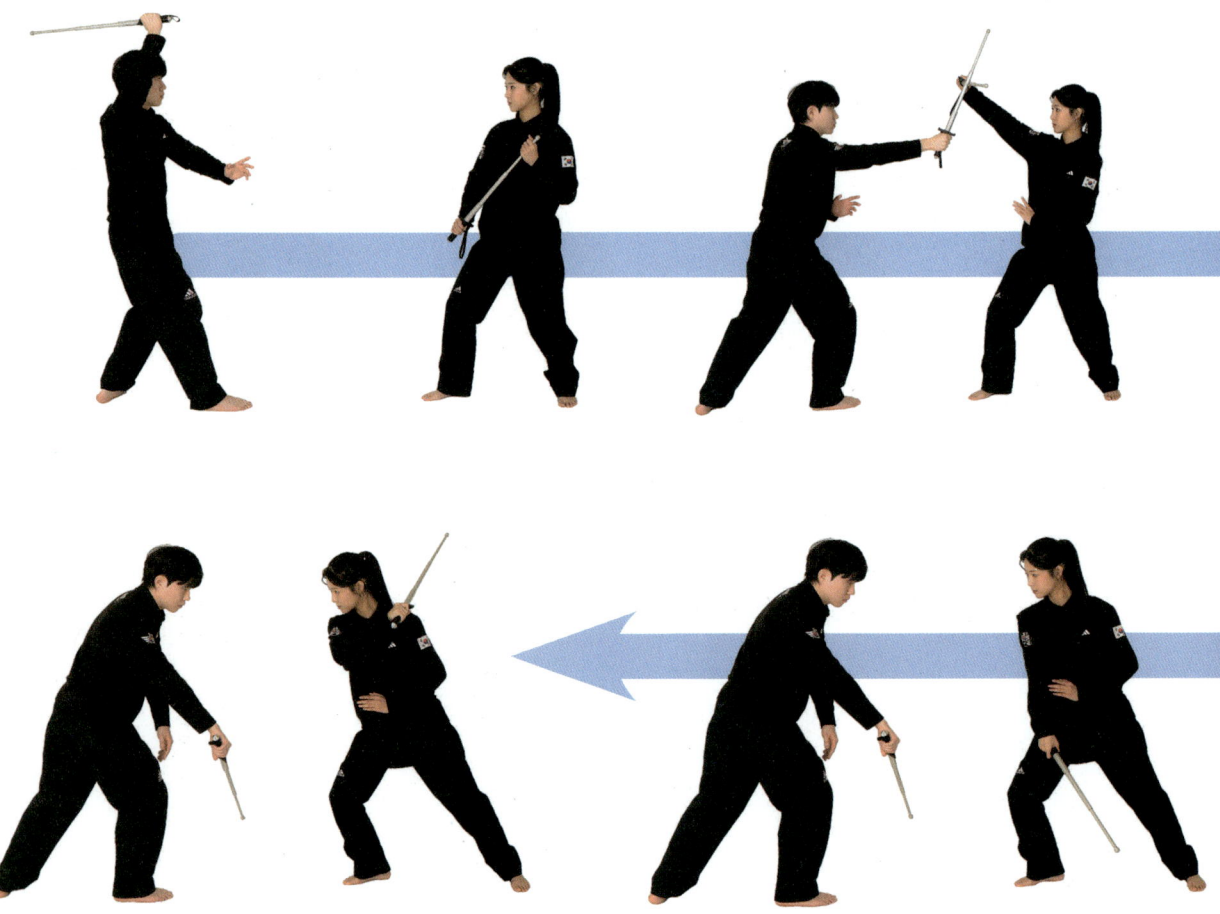

259

3. 모음 타공

가. ㅏ 타공

내려치고 수평치기

① 상대방과 이동세로 대치한다.
② 대상자가 내려치면 물러나며 후려막고 손목을 내려친다.
③ 상대방의 복부를 찌른다.

나. ㅑ 타공

내려치고 찌르고 찌르기

① 상대방과 이동세로 대치한다.
② 대상자가 내려치면 물러나며 후려막고 손목을 내려친다.
③ 상대방의 복부를 찌르고 또 찌른다.

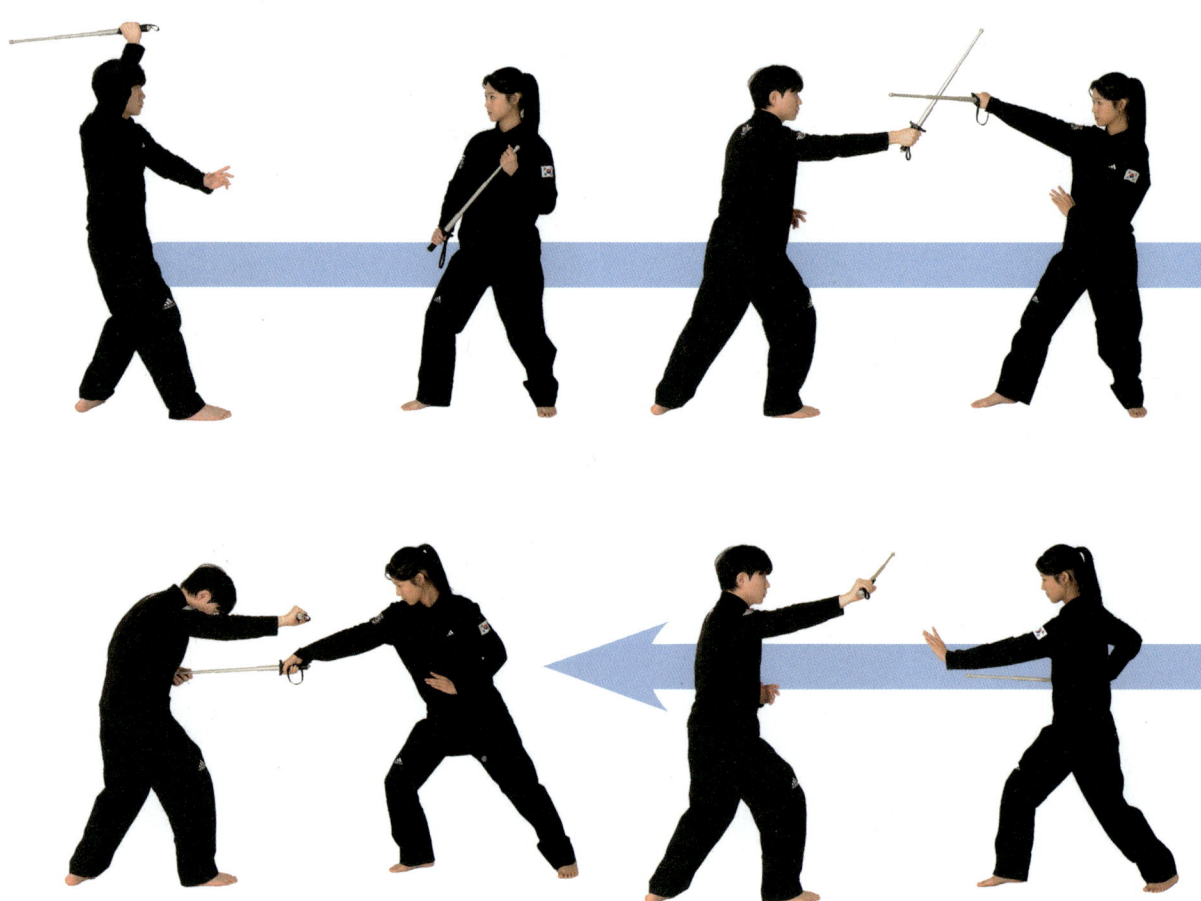

263

다. ㅓ 타공

찌르고 내려치기

① 상대방과 이동세로 대치한다.
② 대상자가 안 사선 내려치면 안 사선 올려막는다.
③ 상대방의 복부를 찌르고 내려친다.

265

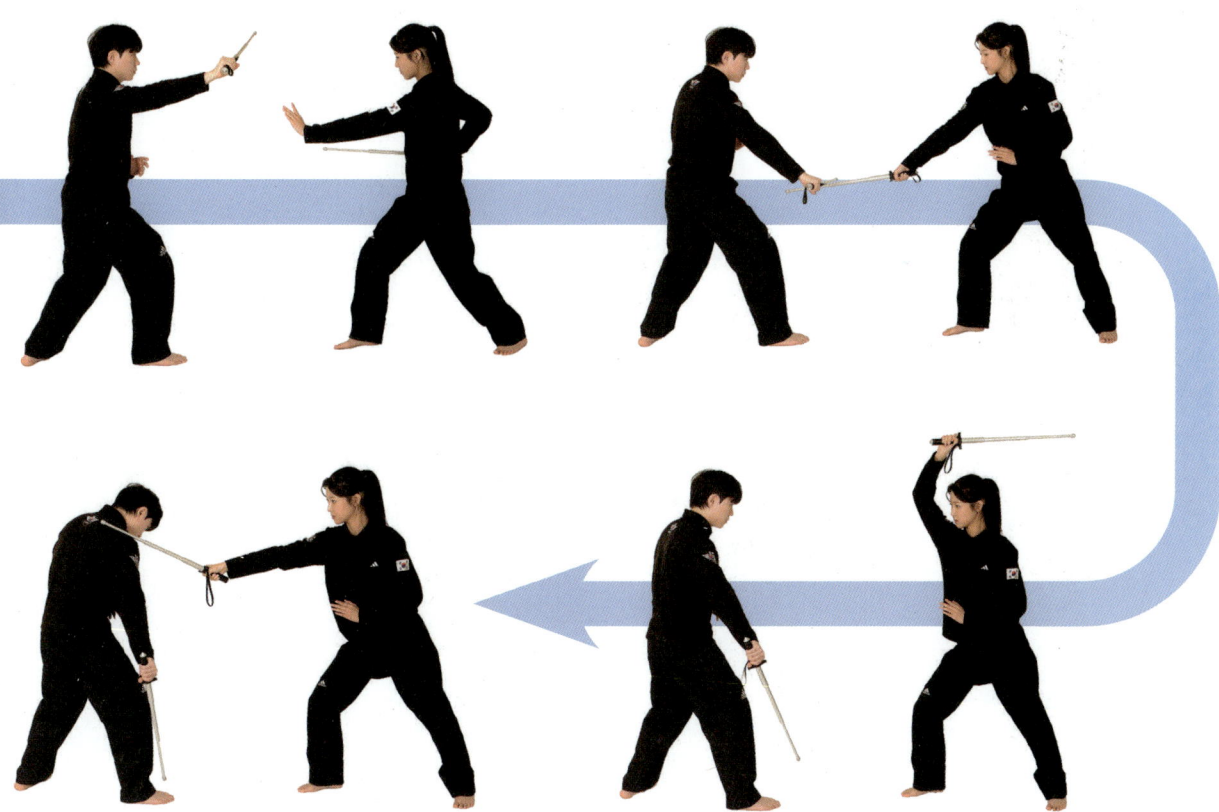

라. ㅕ 타공

찌르고 찌르고 내려치기

① 상대방과 이동세로 대치한다.
② 대상자가 안 사선 내려치면 안 사선 올려막는다.
③ 상대방의 복부를 두 번 찌르고 내려친다.

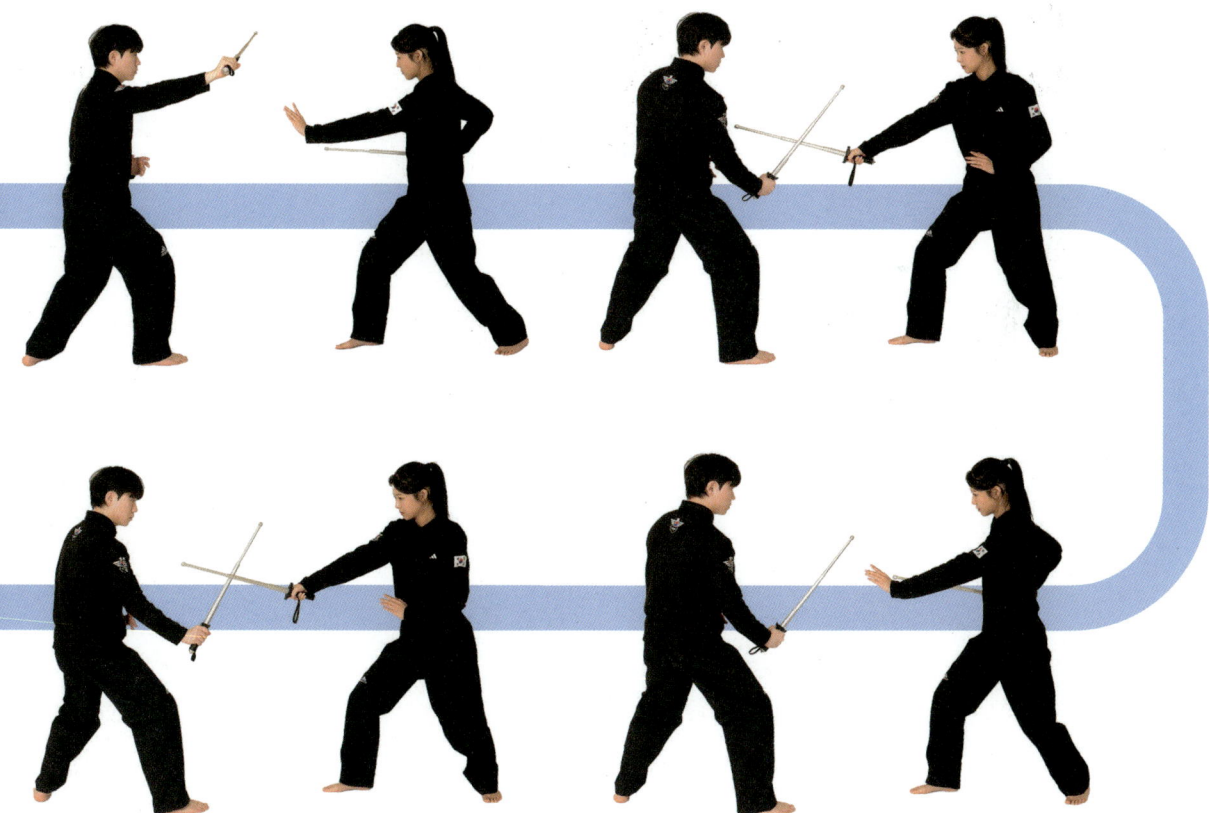

마. ㅗ 타공

찌르고 수평치기

① 상대방과 이동세로 대치한다.
② 대상자가 안 사선 내려치면 안 사선 올려막는다.
③ 상대방의 복부를 찌르고 하체를 바깥 수평친다.

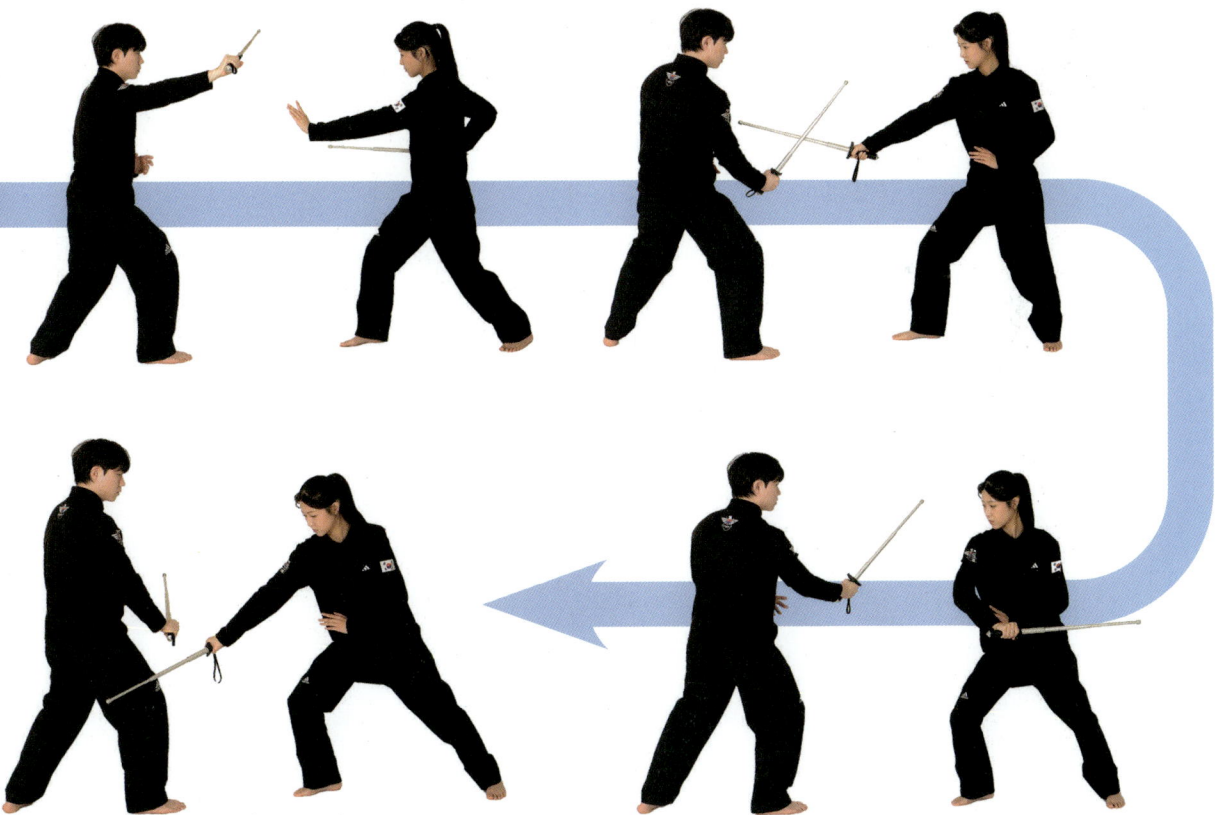

바. ㅛ 타공

찌르고 찌르고 수평치기

① 상대방과 이동세로 대치한다.
② 대상자가 안 사선 내려치면 안 사선 올려막는다.
③ 상대방의 복부를 두 번 찌르고 하체를 바깥 수평친다.

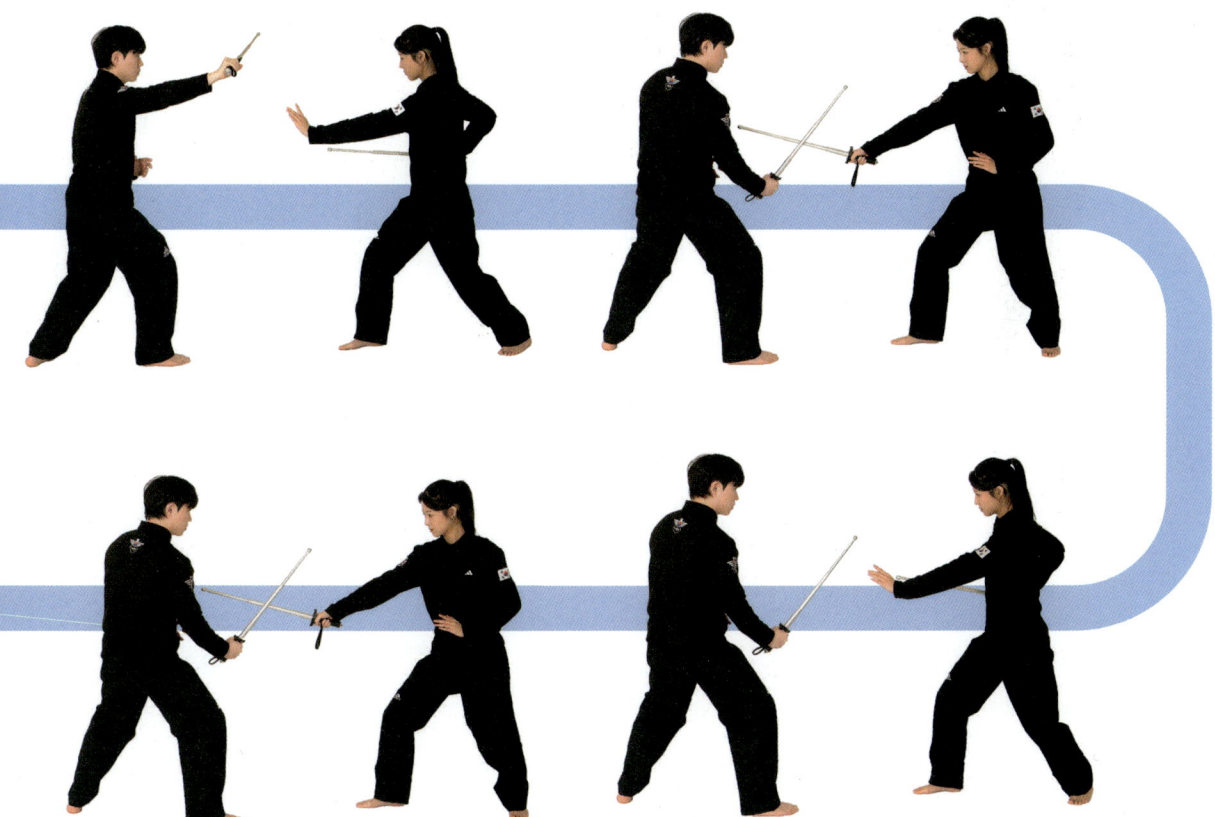

사. ㅜ 타공

수평치고 찌르기

① 상대방과 이동세로 대치한다.
② 대상자가 안 사선 내려치면 안 사선 올려막는다.
③ 상대방을 바깥 수평치고 중단을 찌른다.

아. ㅠ 타공

수평치고 찌르고 찌르기

① 상대방과 이동세로 대치한다.
② 대상자가 안 사선 내려치면 안 사선 올려막는다.
③ 바깥 수평치고 중단을 두 번 찌른다.

자. – 타공

수평치기

① 상대방과 이동세로 대치한다.
② 대상자가 내려치면 뒤로 물러나며 안 또는 바깥 올려 막는다.
③ 안 또는 바깥 수평친다.

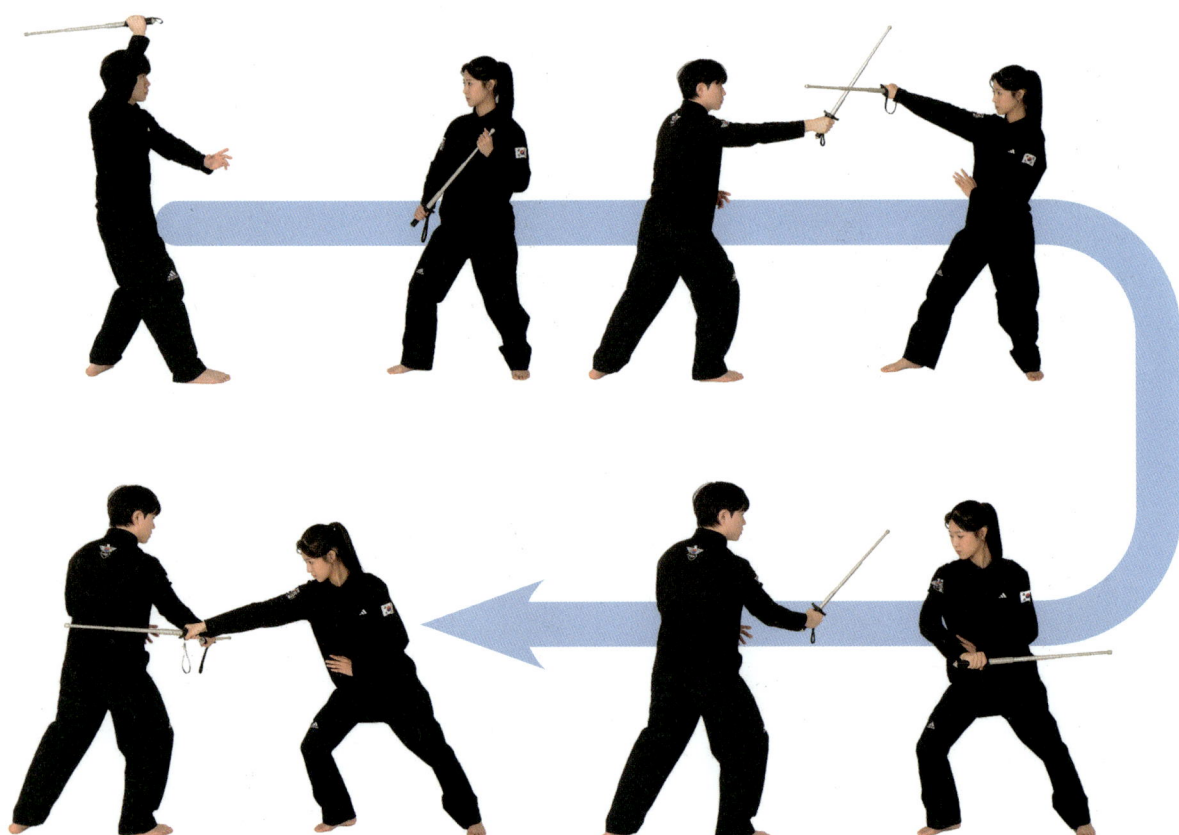

차. | 타공

내려치기

① 상대방과 이동세로 대치한다.
② 대상자가 내려치면 뒤로 물러나며 후려막는다.
③ 상대방의 손목을 내려친다.

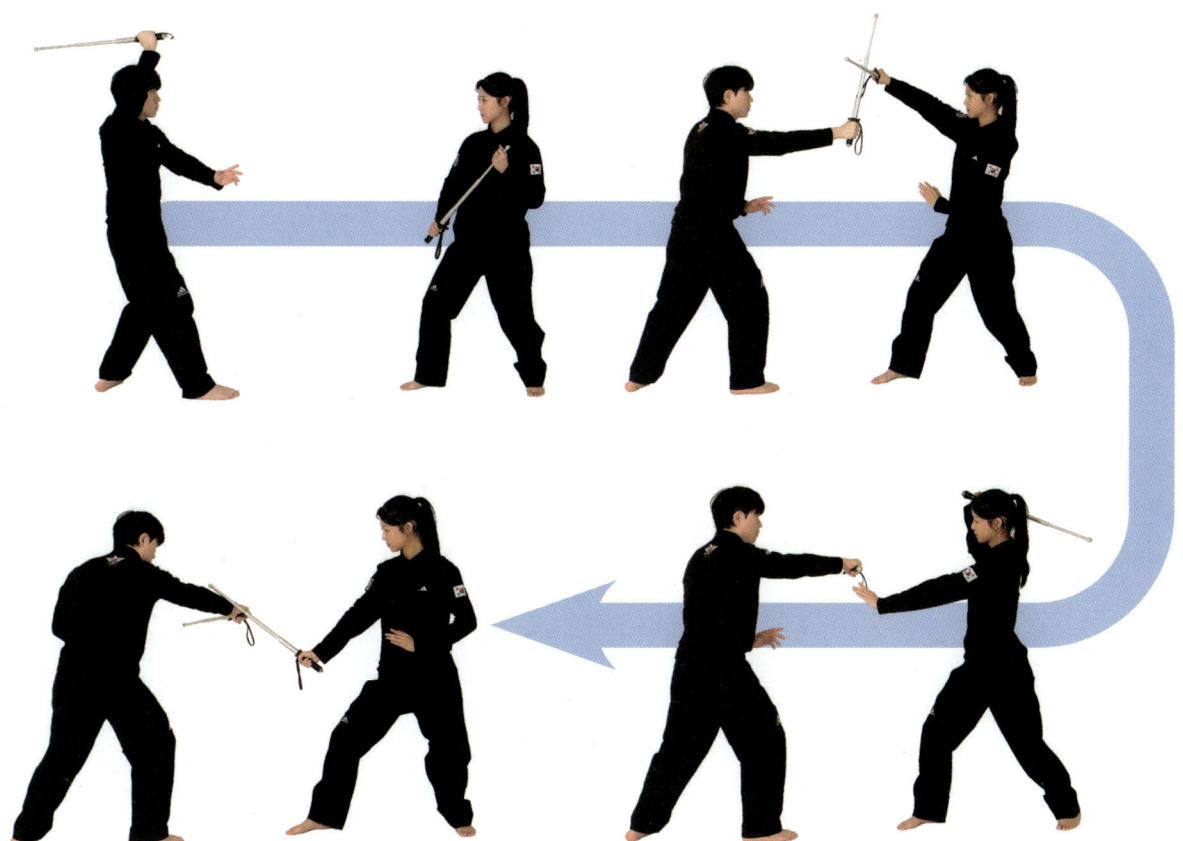

8
Chapter

K삼단봉 경기

1. 겨루기

대상자와 고정된 자세에서 겨루는 '팔각'과 자유롭게 움직이면서 겨루는 '자모'가 있다.

가. 팔각(PALGAK)

고정세에서 공방을 주고받는 경기.

1) 경기방식
- 토너먼트
- 단판제

2) 경기 방법

20초 공격, 20초 방어를 통해 누가 더 공방을 잘하는지 가리는 경기로, 다득점 선수가 이긴다.

① 선수는 머리보호대와 몸통보호대, 팔 보호대를 착용한다.
② 주심의 지시에 따라 코트 안으로 입장한다.
③ 주심의 지시에 따라 선수끼리 마주 보고 인사한다.
④ 고정세에서 봉이 상대 머리에 닿을 정도의 간격에서 준비한다.
⑤ 시작 신호에 따라 경기를 시작한다.
⑥ 공격자는 반드시 봉을 손바닥에 터치하고 공격해야 하고, 방어자는 양손잡기로 방어한다.
⑦ 공격자는 20초 동안 횟수에 상관없이 공격한다.
⑧ 공격이 끝나면 20초 휴식한다.
⑨ 반대로 상대의 공격을 20초 동안 방어한다.
⑩ 다득점 선수가 승자가 된다.

3) 채점

- 득점 부위: 머리, 얼굴, 몸통(옆구리, 복부)
- 득점 인정: 소리가 나도록 정확하고 강하게 타격했을 때
- 득점: 1점 동일.
- 감점: 다리치기, 얼굴 찌르기, 한쪽 발 자리 이탈 (-3)

4) 실격패

- 방어자가 봉을 놓쳤을 때.
  ※ 공격자가 놓치면 다시 주워서 진행한다.
- 양쪽 발이 자리를 이탈했을 때.
- 앞 또는 뒤로 넘어졌을 때.

5) 동점 규정

재경기를 원칙으로 한다.
단, 경기 진행 상황과 선수의 상태 등을 검토하여 판단할 수 있다.

6) 경기장

팔각경기장: 3m×3m(소), 6m×6m(대)
사각경기장: 4m×4m 코트

7) 심판

① 자격 : 심판 3급 자격 소지자
② 구성 : 4심제 (주심 1명, 부심 3명)(대회 상황 또는 조건에 따라 심판원의 수 및 위치를 정할 수 있고 사전에 대회 요강에 명시토록 한다.)

③ 복장 : 심판은 협회가 정한 복장을 착용한다.
④ 배정 : 심판원 배정은 대전표 작성 후에 한다.

8) 기록원

채점기 관리 및 채점과 승패 등 경기에 관련한 기록을 수행하기 위하여 기록원을 둔다.

9) 진행원

진행원은 선수를 파악하고 선수의 입 퇴장, 보호장비 착용 등을 포함한 경기의 원활한 진행을 돕고 심판을 보조한다.

10) 경기 용어

① 입장: 선수를 경기장 안으로 들어오라는 지시
② 경례: 선수 상호 간 인사 지시
③ 준비: 겨루기를 준비하라는 지시
④ 시작: 경기를 진행하라는 지시
⑤ 그쳐: 경기를 중단시켜야 상황이 발생했을 때
⑥ 그만: 경기 시간이 종료되었을 때
⑦ (홍/청)승: 경기 승자를 말할 때
⑨ 퇴장: 선수를 경기장 밖으로 나가도록 지시.

나. 자모(JAMO)

이동세에서 공방을 주고받는 경기

1) 경기방식
- 토너먼트
- 단판제

2) 경기 방법

자모음을 활용해 자유롭게 공방을 주고받는 겨루기로, 2번을 연속으로 타격해야만 득점 1점이 인정된다. 먼저 3득점 하거나 1분 30초 동안 다득점한 선수가 이기는 방식이다.

① 선수는 머리보호대와 몸통보호대, 팔 보호대를 착용한다.
② 주심의 지시에 따라 코트 안으로 입장한다.
③ 주심의 지시에 따라 선수 간 인사한다.
④ 선수는 1.5~2m 거리에서 마주 보고 이동세 자세를 한다.
⑤ 지시에 따라 경기를 시작한다.
⑥ 양 선수는 반드시 양손 잡기에서 공격과 방어를 해야 한다.
⑦ 자유롭게 움직이면서 공방을 주고받는다. 자모음 ㄴ, ㄷ, ㅅ, ㅇ, ㅈ, ㅋ, ㅏ, ㅓ 등과 수평 내외치기로 점수를 획득할 수 있다.
⑧ 양 선수 중 누구라도 먼저 득점을 하면 주심은 바로 중지시키고 현위치에서 다시 경기를 이어가도록 한다.
⑨ 3득점을 먼저 획득한 선수가 승자가 되고, 3득점을 못 했을 때는 다득점자가 이긴다.

3) 채점

- 득점(1점): 머리, 얼굴, 몸통(옆구리, 복부)을 소리가 나도록 정확하고 강하게 가격했을 때
- 감점(-1점): 코트 밖으로 나갈 경우, 봉을 놓칠 경우, 넘어질 경우, 시간을 지연하거나 경기를 회피하려 들 때

4) 실격패

① 고의로 코트를 이탈했을 때

② 욕을 하거나 폭력적인 행위를 하였을 때

5) 동점 규정

재경기를 진행한다.

단, 경기 진행 상황과 선수의 상태 등을 검토하여 판단할 수 있다.

먼저 득점한 선수가 이긴다.

6) 경기장

가로 6m×세로 6m 팔각형 또는 사각형 코트

7) 심판원

① 자격 : 2급 심판 자격자

② 구성 : 4심제(대회 상황 또는 조건에 따라 심판원의 수 및 위치를 정할 수 있고 사전에 대회요강에 명시토록 한다.)

③ 복장 : 심판은 협회가 정한 복장을 착용한다.

④ 배정 : 심판원 배정은 대전표 작성 후에 한다.

8) 기록원

기록원채점기의 관리 및 채점과 승패 등 경기에 관련한 기록을 수행하기 위하여 기록원을 둔다.

9) 진행원

진행원은 선수를 파악하고 선수의 입 퇴장과 "시작", "바로"를 포함한 경기 전반의 진행을 한다. 또한 경기의 원활한 운영을 위하여 심판을 보조한다.

10) 경기 용어
① 입장: 선수를 경기장 안으로 들어오라는 지시
② 경례: 선수 상호 간 인사 지시
③ 준비: 겨루기를 준비하라는 지시
④ 시작: 경기를 진행하라는 지시
⑤ 그쳐: 득점 성공, 선수 넘어짐, 봉을 놓쳤을 때 등 경기 중단 상황이 발생했을 때
⑥ 붙어: 양 선수가 공격 없이 대치가 길어질 때
⑦ 그만: 경기가 끝났을 때
⑧ (홍/청)승: 경기 승자를 말할 때
⑨ 퇴장: 선수를 경기장 밖으로 나가도록 지시.
⑩ 반칙: 선수가 규칙을 위반하였을 때.

2. 글무품새

한글을 무예 동작과 자세로 구현한 것으로서 2차원에 이어 3차원에서 수행한다. 정확성, 기표출, 연결성 등을 고려하여 승자를 가린다.

가. 경기종목

개인전, 단체전

나. 경기방식

- 토너먼트 방식
- 다 득점제

다. 경기 방법

① 선수는 봉을 지참하고 준비한다.
② 주심의 지시에 따라 코트 안으로 입장한다.
③ 주심의 지시에 따라 심판, 선수 간 인사한다.
④ 정해진 글무 시제를 양 선수가 동시에 수행한다.
⑤ 이동세에서 2차원과 3차원으로 연결 수행한다.
⑥ 고득점자가 승자가 된다.

라. 채점

정확성(50점), 연결성(30점), 자신감(20점)
- 정확성: 공격과 방어 기술의 높이, 방향, 자세 등을 통해 판단한다.
- 연결성: 모아서기에서 이동세 자세 → 2차원 글무를 수행하고 제자리 모아서기 → 다시 이동세 자세 → 3차원 글무 수행 → 마무리 제자리로 돌아오는 일련의 연결 동작을 통해 판단한다.
- 자신감: 힘 있는 자세, 당찬 모습, 우렁찬 기합(글자)소리 등을 통해 판단한다.

» 저자 소개

박승철
- 인하대학교 대학원 재학
- 경찰K삼단봉협회 회장
- K삼단봉 무예 창시
- 경찰K삼단봉 교육프로그램 개발.
- 경찰청, 경찰대학, 중앙경찰학교, 경찰인재개발원, 서울경찰청, 인천경찰청 등 경찰K삼단봉 발표 및 세미나, 특강 진행.
- 인천경찰청 무도 외래교관

임정일
- 용인대학교 유도학과 졸업
- 용인대학교 경영대학원 석사 (경찰관리학)
- 서울경찰청 경무기획과(현)
- 서울동대문경찰서 형사2과장 근무
- 울산경찰청 사이버범죄수사대장 근무
- 울산남부경찰서 수사과장 근무
- 국무총리비서실 민정실 근무

서대호
- 가천대학교 대학원 재학
- 경찰K삼단봉협회 경기남부지부장
- 드림마샬아츠 멀티짐 4개점 총관장
- 사)대한호국특공무술연맹 사무총장
- 대한특공무술중앙회 사무처장
- 그레이시바하 중원 아카데미 professor

정균근
- 용인대학교 체육학학사
- 용인대학교 교육학석사(체육 전공)
- 선문대학교 체육학박사(운동생리학 전공)
- 서울경찰청 무도연구지도관
- 호원대학교 교수
- 용인대학교 출강
- 신임경비교육 체포호신술 교수

김태훈
- 명지대학교 체육학 석사
- 명지대학교 미래교육원 지도교수(전)
- 런앤점프 스포츠클럽 원장
- 경찰K삼단봉협회 이사
- 경찰K삼단봉협회 인천지부장

정아인
- 동국대학교 연극학부 재학
- 경찰K삼단봉 지도자 2급
- 원바이오젠 메디솝 브랜드 전속모델
- 경찰K삼단봉 교본 모델
- 세계탐정연맹 홍보대사
- 국제반려동물영화제 홍보모델
- F/W 하이서울패션쇼 비에니끄 컬렉션 모델

» 교본 모델

박준혁
- 경찰K삼단봉 교본 모델
- 경찰K삼단봉 지도자 2급
- 합기도 공인 4단
- 인천경찰청, 연수경찰서, 논현경찰서 외래 사범

» 자문위원 소개

박창희
- 경찰대학 무도체육교육센터 합기도 교수
- 경찰대학 물리력행사교육센터 센터장
- 중앙경찰학교 무도학과 합기도 교수(전)
- 광명경찰서 무도사범(전)

조민호
- 경찰인재개발원 무도교수
- 경찰청 물리력 교안 제작 TF팀 참여 및 감수
- 경찰 신 호신체포술 교재, 물리력 대응 교재 공동 저자
- 신 호신체포술 사이버 동영상 제작 참여
- 전국 각 지방청 및 경찰관서 현장 진출, 무도교관 및 지역경찰 훈련
- 경찰대 로스쿨 과정 삼단봉 및 테이져건, 수갑술 교육
- 인재원 삼단봉, 테이져건, 중위험물리력 전담교육한 물리력 전문가로 현장 경찰관들이 실제 필요한 훈련 진행

이상균
- 중앙경찰학교 체포술 지도교수
- 서울경찰청 특수기동대 무도사범(전)
- 충주경찰서 무도사범(전)
- 이종격투기 선수(전)

임성진
- 중앙경찰학교 무도교수
- 101경비단 유도사범, 훈련계장
- 서울청 대테러계(위기협상요원)
- 용산·관악경찰서 물리력교관
- 38권총 사격 마스터

정용욱
- 서울경찰청 사이버수사과 디지털포렌식계, 연구관
- 경찰청 사이버수사국 디지털포렌식센터, 연구사(관)
- ㈜코스콤, 정보공유분석센터, 책임컨설턴트
- ㈜사이버리서치, 정보보호기술연구소, 소장
- ㈜엔디에스,정보보호사업본부, 보안컨설턴트

곽선조
- 경호보안학 박사
- 경비지도사
- 경기대학교 시큐리티매니지먼트학과 겸임교수
- 백석예술대학교 경찰경호학부 외래교수

김기환
- 용인대학교 교육대학원 교육학석사
- (현) 서울실용음악고등학교 체육교사
- 서울지방경찰청 무도 지도위원
- 서울지방경찰청 무도대회 태권도 지도감독
- 신입경비교육 체포호신술 외래교수
- 생활속 범죄예방 강의와 실용호신술 1, 2, 3편 공저자